Merci à ma maman et à Yaël pour leurs petits plats.

Merci à Nathalie pour sa relecture précieuse.

A.B.

Pour être tenu au courant de nos publications, envoyez vos coordonnées à :
La Plage - Rue du Parc - 34200 Sète
edition@laplage.fr
www.laplage.fr

ISBN : 978-2-84221-202-5
Conception - PAO : David Cosson - dazibaocom.com
Scoubidous (page 95) : Jeanne Ferrante
Imprimé à Barcelone sur les presses de Beta

Recettes BIO pour mes enfants

Anne Brunner
Photographies de
Myriam Gauthier-Moreau

éditions La plage

Liste des recettes

Petits plats bio pour mon bébé

Recettes bio pour superparents

Recettes bio pour parents pressés

Mon enfant n'aime pas les légumes !

Des rituels et des fêtes

Petits déjeuners et goûters gourmands

Boissons bio pour mes enfants

Du bio pour ma famille

La naissance d'un enfant conduit souvent les parents à s'interroger sur leur alimentation. Au moment où leur bébé se met à manger comme un grand, ils prennent conscience d'une nouvelle responsabilité : « Comment nourrir mon enfant en mettant toutes les chances de notre côté pour qu'il grandisse en parfaite santé ? Comment partager avec lui des repas en famille chaleureux ? Comment nos choix alimentaires peuvent-ils refléter aussi un choix de société, de respect de l'environnement et des agriculteurs, que nous souhaitons transmettre à la génération suivante ? »

L'Observatoire des résidus de pesticides et la Direction générale de la concurrence, de la consommation et de la répression des fraudes (DGCCRF) confirment chaque année que les produits agricoles conventionnels contiennent des résidus de pesticides, parfois au-dessus des limites maximales autorisées. Certains estiment que cette quantité pèse plus lourd encore pour les organismes en croissance des nourrissons et des enfants. Le choix du bio s'impose alors, parce qu'il est seul garant d'ingrédients indemnes de pesticides chimiques.

Si les produits bio sont bons pour les petites purées des bébés et les laits infantiles, ils s'avèrent aussi les plus sains pour les enfants qui grandissent, et c'est finalement toute la famille qui en tire des bénéfices.

Enfin, la connaissance des aliments bio fait partie intégrante de l'éducation des enfants à une écologie pratique, qui devrait prendre place d'abord au sein des familles.

Cuisine simple et budget sous contrôle

De nouvelles « bouches à nourrir » et le budget consacré aux repas dans le foyer devient progressivement plus significatif. Si en plus, on remplace ses achats habituels par les mêmes en bio, le sujet risque de devenir problématique.

J'aimerais témoigner qu'il est possible de manger bio sans dépenser plus. C'est l'expérience que nous avons faite à un moment où nos revenus ont fortement baissé. En famille, nous avons choisi ce moment critique pour passer une part bien plus significative de notre alimentation en bio. Au total, nous dépensons moins aujourd'hui pour notre alimentation à quatre, qu'avant à deux.

C'est que progressivement, de nombreux changements se sont opérés dans notre cuisine :

• nous achetons désormais des produits de base non transformés, à cuisiner chez soi, quitte à manger des plats beaucoup plus simples que les préparations sophistiquées que propose l'industrie agroalimentaire ;

• nous consommons moins de viande et de poisson et privilégions les protéines végétales. Celles-ci sont à la fois plus économiques, écologiques et offrent toute une palette de saveurs à explorer ;
• nous nous tournons vers les circuits courts, pour rémunérer directement le producteur en faisant l'économie des coûts de transport, de publicité et d'emballage de la grande distribution. Producteurs sur les marchés, AMAP[1] et toutes les formes de vente directe sont autant de partenaires précieux au sein de relations commerciales plus conviviales.

Moins de viande et en bonne santé

« Peut-on élever des enfants en bonne santé sans viande ni poisson ? » C'est la question qui revient régulièrement quand on décide de manger moins de viande et qu'on est (futur) parent. Pas question de jouer avec la santé ou la croissance de ses enfants, ni de s'improviser diététicien.
En France, le corps médical connaît peu le végétarisme, qui n'est pratiqué à 100% que par une faible part de la population. Les médecins se montrent donc souvent prudents voire réticents lorsqu'il s'agit des enfants.
Aux États-Unis au contraire, où ce choix alimentaire est plus fréquent, des études ont été menées à grande échelle. Leurs résultats ont permis aux associations professionnelles de pédiatres et de diététiciens de se positionner sans ambiguïté.
Ainsi, l'Association américaine de diététique, qui rassemble 70 000 diététiciens d'Amérique du Nord précise :
« Les alimentations végétarienne et végétalienne bien planifiées sont appropriées

à tous les stades de la vie, y compris la grossesse et l'allaitement. Planifiées de façon adéquate, elles satisfont les besoins nutritionnels des bébés, des enfants et des adolescents, et contribuent à une croissance normale.

L'alimentation végétarienne chez les jeunes enfants et les adolescents peut aider à mettre en place de bons comportements alimentaires pour toute la vie et peut offrir d'importants avantages nutritionnels. Les enfants et adolescents végétariens ont des apports moins élevés en cholestérol, graisses saturées et matières grasses, et des apports plus importants en fruits, légumes et fibres que les non-végétariens. Les enfants végétariens sont aussi, selon les études, plus sveltes et ont des taux de cholestérol sérique plus faibles. »[2]

Pour trouver des informations sur les apports de l'alimentation végétarienne en nutriments tels que protéines, fer, calcium, etc., vous pouvez vous adresser à l'Association végétarienne de France. Elle propose notamment un site Internet bien documenté.

http:/www.vegetarisme.fr/

Faut-il cuisiner spécialement pour les enfants ?

Dès leur plus jeune âge, les enfants peuvent participer aux repas avec plaisir, même s'ils sont encore trop petits pour manger. Pour des raisons pratiques autant que par choix de vie, je préfère réunir la famille autour d'un plat commun. Pas question de penser et cuisiner deux types de plats à chaque repas.

Ce qui est bon pour les adultes est-il bon pour les enfants ?

Chacun de vous aura sans doute une réponse à cette question. Mais il est certain, à mes yeux, que ce qui est bon pour les enfants peut être bon pour les parents. J'ai préparé des plats conçus pour toute la famille, dans lesquels le plus jeune a pioché selon son goût ou ses capacités de mastication et de déglutition.

Vous trouverez dans ce livre des petits plats pensés spécifiquement pour les enfants, qui répondent à des situations bien particulières : les petits pots du bébé s'ils s'avèrent nécessaires, les goûters des plus grands, les fêtes d'anniversaire ou encore les rituels qui contribuent à se forger une identité familiale autour des plats préférés des petits. Pour tous les autres jours, j'aimerais vous encourager à adopter une cuisine simple et bio, que vos enfants apprendront à apprécier à vos côtés jour après jour.

Petits plats bio pour mon bébé

Avez-vous besoin de cuisiner spécialement pour votre bébé ?

On pourrait attendre d'un livre de cuisine qu'il réponde à la question : « Que faut-il cuisiner pour les bébés ? » J'aimerais commencer en posant une autre question : « Est-il vraiment indispensable de leur préparer des petits plats, rien que pour eux ? »

Au rayon des petits pots pour bébés, s'alignent une multitude de purées prévues pour les bébés « dès 4 mois ». Quant aux catalogues d'objets de puériculture, ils proposent des appareils ménagers spécialement destinés aux jeunes parents. Tout laisse entendre dans notre environnement qu'un bébé aimé mérite des petits plats bien à lui, des ingrédients spécifiques, introduits avec méthode, ainsi que des préparations soignées : un seul ingrédient à la fois, sans sel, ni sucre ou épices, cuit à la vapeur, réduit en une purée très fine qui sera donnée à la cuiller.

Cet ouvrage n'est pas un manuel de puériculture. Je peux seulement constater la cacophonie des prescriptions concernant la « diversification » des bébés, d'une génération à l'autre, d'un ouvrage à l'autre.

Je vous laisse le soin délicat de choisir le vôtre ou de vous en remettre à votre médecin si vous considérez que c'est son rôle. Je m'autorise aussi à exposer un point de vue encore méconnu, qui rejoint les recommandations officielles de l'Organisation mondiale de la santé (OMS), de l'Agence nationale d'accréditation et d'évaluation en santé (ANAES) et le point de vue d'auteurs tels que Carlos González[3].

Attendre qu'il soit prêt

Si votre bébé est allaité, vous savez peut-être qu'il n'a pas besoin d'autre aliment que le lait maternel avant l'âge de 6 mois. C'est, depuis 2002, la recommandation de l'ANAES, qui fait autorité auprès des pédiatres et médecins en France : « L'introduction d'une alimentation complémentaire entre 4 et 6 mois n'apporte aucun bénéfice particulier ».

Au contraire, c'est l'allaitement maternel exclusif qui permet « un développement optimal du nourrisson jusqu'à 6 mois »[4].

4 ou 6 mois, quelle différence cela fait-il ?

D'un point de vue sanitaire, les bébés qui ne reçoivent que du lait maternel à cet âge ont significativement moins souvent d'infections gastro-intestinales. Ils sont aussi, mais dans une moindre mesure, mieux protégés des infections respiratoires et des otites[5].

D'un point de vue pratique, cela fait également une grosse différence. À 6 mois, un bébé tient mieux assis. Installé à table, il sera bientôt capable, s'il en est tenté, de se saisir des aliments, de les goûter et de les mâchouiller. Ce qui n'a rien à voir avec l'habitude qui consiste à nourrir un bébé de 4 mois à la cuiller ou au biberon de soupe, trop tôt pour qu'il puisse s'approprier les gestes du repas.

Et après 6 mois ?

Précisons s'il en est besoin qu'il n'y a aucune urgence à « diversifier » un enfant de 6 mois qui ne montre pas encore d'intérêt pour la nourriture solide. L'allaitement maternel exclusif peut suffire à son développement normal jusqu'à au moins 9 mois. Et complété par les aliments de la table familiale, l'allaitement pourra rester la principale source alimentaire de l'enfant jusqu'à 2 ans. C'est ce que recommande l'OMS[6].

Bienvenue à la table familiale

Un enfant qui commence à picorer dans les assiettes pourra trouver beaucoup de plaisir à partager la table familiale sans que vous lui prépariez spécialement purées ou compotes. Si l'allaitement maternel se poursuit parallèlement, l'enfant ajuste de lui-même sa consommation de lait en fonction des repas pris à table.

Il peut commencer à mastiquer les petits morceaux, même si ses premières dents ne sont pas encore sorties. Cachées sous la gencive, elles suffisent à écraser des aliments un peu mous ou à sucer les plus résistants. Dès qu'il est assez mature, l'enfant accède spontanément à cet apprentissage. Cet entraînement est d'ailleurs indispensable au bon développement de sa mâchoire, de sa coordination motrice et même à la qualité du rangement dentaire sur chaque arcade[7]. Autant de raisons pour lui éviter la phase des bouillies ingurgitées passivement, qu'il ne peut ni téter ni mastiquer. Passez-vous sans remords de leur préparation fastidieuse.

Enfin, je voudrais souligner un avantage non négligeable de cette façon de faire : si vous préparez les repas pour le reste de la famille en laissant le bébé picorer, vous éviterez le surinvestissement affectif des repas de bébé «préparés avec amour», qui conduit certains jours à une pression trop grande sur le bébé ou à d'amères déceptions pour le cuisinier... Vous y gagnerez une ambiance plus détendue à l'heure des repas.

Quand des " petits pots " s'imposent

Si vous confiez votre enfant à une assistante maternelle par exemple, vous avez peut-être besoin de lui fournir des repas sous forme de petits pots pratiques à réchauffer. Le marché français du « baby-food » se porte très bien. Le bébé français moyen détient un record de consommation : en moyenne 158 kg de laits infantiles et petits pots par bébé (contre 42 kg pour les bébés américains)[8]. Cela représente un budget non négligeable pour les parents et, à mes yeux, un risque d'homogénéisation du goût pour les enfants. Si l'on admet que les textures mixées ne sont pas indispensables au développement du bébé, il en résulte que les petits pots de purées répondent surtout à notre « besoin » de consommation.

Pour répondre aux exigences de praticité des repas à l'extérieur, il suffit en réalité de conserver une portion des petits plats maison dans un récipient pratique à transporter et à réchauffer.

QUEL MATÉRIAU CHOISIR ?

Le polycarbonate est le matériau le plus fréquemment proposé par les fabricants de biberons et de pots hermétiques en puériculture. Ce matériau, non recyclable, est mis en cause depuis peu, car il contient du bisphénol-A qui pourrait être libéré dans les aliments du bébé, particulièrement si le récipient est chauffé. Dans le doute sur les possibles conséquences néfastes pour la santé et le développement des bébés, mieux vaut se tourner vers d'autres matériaux.

Je trouve par exemple pratiques les pots de yaourts en verre dotés d'un couvercle en plastique souple. Ils sont commercialisés par exemple par les fabricants de yaourtières.

Des petits pots maison, en pratique

Très souvent, il suffira de réserver une petite partie de votre repas en cours d'élaboration pour l'écraser grossièrement ou non, et le conserver au frais pour votre bébé.

Pour varier les menus de votre bébé lorsque vous les concevez spécialement pour lui, je vous propose dans ce chapitre quelques idées. Mon objectif est de démontrer la large étendue des possibilités offerte par les ingrédients végétaux et bio. Les manipulations nécessaires à la préparation de ces repas restent simples et rapides. Quant au temps de cuisson, il ne dépasse généralement pas 15 minutes. Les quantités indiquées correspondent au volume d'un petit pot de 120 ml. Selon l'âge et l'appétit de votre bébé, vous choisirez peut-être de conserver la préparation dans deux récipients, pour en congeler la moitié.

Peut-on limiter le risque d'allergie alimentaire ?

Vous ne trouverez pas ici de « plan d'introduction des solides » méthodique, qui listerait les aliments à donner mois après mois. Pas non plus de liste d'aliments interdits aux bébés ou qui déplairaient aux enfants. Tout dépend selon moi de vos habitudes familiales.

La seule restriction que je formulerai

sera de rester assez vigilant pour détecter une éventuelle allergie alimentaire chez l'enfant qui commence à manger.

Certains enfants doivent faire l'objet d'une attention plus grande. C'est le cas si les parents sont eux-mêmes allergiques ou si le bébé présente un terrain atopique. Dans ce cas, La Leche League recommande de suivre quelques précautions [9] :

• préférer le lait maternel au lait maternisé à base de lait de vache. En cas de risque allergique identifié de l'enfant, on peut choisir avec le soutien d'un médecin d'éviter les principaux aliments allergènes dans l'alimentation de la mère allaitante (arachide, lait de vache, œuf, poisson) ;

• à partir du 6e mois de l'enfant et sans jamais le forcer, lui proposer un aliment nouveau par semaine, de façon à repérer si un aliment n'est pas toléré ;

• éviter les fruits exotiques et la noisette. Attendre l'âge de 1 an pour proposer des produits laitiers, du poisson ou de l'œuf.

Est-il utile de respecter ces restrictions si l'enfant ne présente pas de risque particulier ?

C'est la question que peuvent se poser légitimement tous les parents, étant donné l'augmentation apparente du taux d'allergies alimentaires chez les enfants en France, qui atteint 8 % aujourd'hui.

Cependant, des résultats de recherche récents apportent de nouveaux éléments à la prévention des allergies alimentaires : l'introduction du gluten et des aliments potentiellement allergènes (poisson ou

LES ALLERGIES ALIMENTAIRES CHEZ L'ENFANT : CE QU'IL FAUT SAVOIR

• Lors d'un contact avec l'allergène, il se produit d'abord une « sensibilisation » sans symptôme visible. C'est seulement à partir de la deuxième exposition que les signes cliniques de l'allergie, plus ou moins graves, peuvent apparaître. Cette sensibilisation peut se produire in utero, via l'allaitement, lors de la diversification de l'enfant ou beaucoup plus tard dans sa vie.

• Plus un bébé est mis en contact tôt avec les allergènes, plus le risque qu'il développe une allergie augmente. Voici une raison supplémentaire pour ne pas anticiper la « diversification alimentaire » des nourrissons trop précocement.

• Certaines allergies ou intolérances alimentaires sont plus fréquentes chez les très jeunes enfants. Pour la plupart, elles s'estompent heureusement quand ils grandissent. Ces allergies sont d'ailleurs beaucoup plus rares chez les adultes. D'autres allergies au contraire apparaissent plus tard ou à l'âge adulte.

oeuf) serait conseillée avant 7 mois, en petites quantités, pour que le bébé ait de meilleures chances de les tolérer [10].

Dans les recettes qui suivent, certaines associent uniquement des fruits ou légumes de saison et des céréales sans gluten, évitant ainsi la plupart des allergènes fréquents chez l'enfant.

Ces recettes pour les enfants allergiques ou sensibles sont signalées par le repère en marge. Bien sûr, elles pourront aussi régaler tous les autres enfants.

LES ALLERGIES ALIMENTAIRES LES PLUS FRÉQUENTES [11]

CHEZ L'ENFANT	CHEZ L'ADULTE
Œuf (34 % des cas) Arachide (24 %) Lait (8%) Poisson (5%) Noix diverses (3%) Crustacés (2%) Blé (2%) Kiwi Moutarde	Fruits du groupe latex : avocat, banane, châtaigne, kiwi (14 % des cas) Fruits du groupe des rosacées : abricot, cerise, fraise, framboise, noisette, pomme, poire, prune... (13 %) Fruits secs oléagineux : amande, noisette, noix... Ombellifères : aneth, carotte, céleri, coriandre, fenouil, anis... (10%)

EN CAS D'INTOLÉRANCE AU GLUTEN : QUELLES CÉRÉALES UTILISER ?

CONTIENNENT DU GLUTEN	NE CONTIENNENT PAS DE GLUTEN
Blé tendre (froment) Blé dur Épeautre Seigle Orge Et en moindre proportion : Avoine Kamut Petit épeautre	Riz Maïs Millet commun Fonio Teff Sarrasin Quinoa Amarante

Si vous ne connaissez pas certains des ingrédients proposés, prenez le temps de les découvrir et de les apprécier avant de les proposer au bébé : vous ajouterez ainsi une saveur nouvelle à la cuisine familiale et pourrez l'offrir à votre enfant sans appréhension.

À la découverte de nouvelles saveurs

C'est maintenant bien établi : la formation du goût commence *in utero* et se prolonge par l'allaitement. On sait par exemple qu'un jeune enfant accepte plus facilement un aliment nouveau si celui-ci a été consommé par sa mère pendant la grossesse ou l'allaitement. Beaucoup d'enfants passent ensuite par une curiosité gustative tous azimuts. Celle-ci n'est d'ailleurs pas toujours dirigée vers des substances comestibles...
Les adultes sont parfois surpris de les voir se régaler de saveurs épicées, soufrées ou amères, habituellement plutôt cataloguées comme des «goûts pour adultes». Chaque parent a le souvenir de la période où son enfant de 1 ou 2 ans se délectait de cornichons, de moutarde ou de roquefort.
C'est le bon moment pour oublier nos préjugés et proposer à nos enfants de découvrir toute une palette de saveurs, pour leur plus grand plaisir. Quand on sait qu'un peu plus tard (souvent vers 2-3 ans), la plupart des enfants passent par une nouvelle phase de leur développement qui s'exprime par une néophobie plus ou moins radicale à l'égard de tout ce qu'ils ne connaissent pas, il faut en profiter pour alimenter leur curiosité et les familiariser avec tous les ingrédients de la table familiale. Ce peut aussi être une bonne période pour repenser les menus familiaux et établir de meilleures habitudes alimentaires dont toute la famille tirera parti.

DES INGRÉDIENTS À ÉCARTER ?

Chaque société humaine établit ses tabous alimentaires. Les femmes enceintes, allaitantes ou les jeunes enfants sont traditionnellement soumis à une liste d'aliments interdits, qui varie chez nous, selon les familles ou les régions, de l'ail au poivre en passant par le chou-fleur... Ces habitudes culturelles semblent plus résulter de superstitions que de faits scientifiquement établis.
Ce qui importe, selon moi, c'est de partager sans appréhension ses propres habitudes alimentaires avec ses enfants. Si vous aimez le chou, pourquoi ne pas leur en proposer sans appréhension ? En les familiarisant avec ces ingrédients, vous mettrez toutes les chances de leur côté en attendant qu'ils développent un goût culinaire bien à eux.

Écrasée rose

Pour 1 petit pot

60 g de betterave crue

60 g de pomme de terre

Éplucher les légumes et les couper en morceaux.
Cuire d'abord la betterave au cuit-vapeur, pendant 20 minutes. Ajouter ensuite la pomme de terre pour 10 minutes supplémentaires. Lorsque les légumes sont tendres, les écraser à la fourchette et les mélanger.

Minijardinière à la purée de noisette

Pour 2 petits pots

1 petite pomme de terre

1 carotte

1 petit navet nouveau ou 1 morceau de chou-rave

1 radis

1 c. à s. de flageolets cuits ou de petits pois écossés

1 c. à c. de purée de noisette

Éplucher la pomme de terre, la carotte et le chou-rave. Couper les légumes en petits morceaux réguliers. Les faire cuire 15 minutes environ à la vapeur douce, jusqu'à ce qu'ils soient tendres. Ajouter les flageolets cuits en fin de cuisson pour les réchauffer. Servir avec la purée de noisette et une petite pincée de sel si vous le souhaitez.

Pois cassés vite faits avec des petits morceaux de chou

Pour 1 petit pot

1 petit oignon

30 g de chou pommé vert

1 c. à c. d'huile d'olive

1 branche de thym

1 c. à s. de flocons de pois cassés

1 verre de bouillon ou d'eau

Hacher finement l'oignon et couper le chou en petits morceaux. Faire suer dans l'huile d'olive avec les feuilles de thym. Ajouter ensuite les flocons et le liquide. Couvrir et laisser cuire à feu doux 10 minutes.

Petites étoiles jaunes et haricots verts à sucer

Pour 1 petit pot

- 1 c. à s. de lentilles corail
- 1 c. à s. de petites pâtes semi-complètes en forme d'étoiles
- 250 ml d'eau
- 1/2 c. à c. de curcuma
- Du gomasio
- 4 haricots verts cuits à la vapeur

Verser dans une petite casserole les lentilles, les pâtes et l'eau. Cuire à petits bouillons pendant 20 minutes, jusqu'à ce que les lentilles corail se défassent. Égoutter s'il reste de l'eau en fin de cuisson. Hors du feu, ajouter le curcuma et mélanger. Assaisonner d'une pincée de gomasio.
Servir séparément les haricots, à grignoter avec les doigts.

Polenta et courgettes à l'ail

Pour 2 petits pots

- 1 verre d'eau
- 1 pincée de sel
- 1 c. à s. de polenta instantanée
- La moitié d'une petite courgette (environ 50 g)
- 1 c. à c. d'huile d'olive
- 1/4 de gousse d'ail

Faire bouillir l'eau salée. Y verser la polenta et remuer pendant 2 minutes sur le feu. Couvrir et laisser gonfler hors du feu. Détailler la courgette en petits dés et hacher l'ail. Faire chauffer l'huile d'olive et y cuire la courgette et l'ail à feu doux pendant 10 minutes, jusqu'à ce que les légumes deviennent tendres.

Millet et fondue de poireau

Pour 1 petit pot

- 2 c. à s. de millet
- 1 verre d'eau
- 1 c. à c. d'huile d'olive
- 1/2 poireau

Faire cuire le millet à feu doux dans l'eau pendant 15 minutes.
Couper finement le poireau. Le faire suer dans l'huile d'olive. Ajouter un tout petit peu d'eau et couvrir pour terminer la cuisson. Il doit devenir fondant et doux.

Risotto au potimarron

Pour 1 petit pot

- 1 petit oignon
- 1 c. à c. d'huile d'olive
- 1 c. à s. de riz rond semi-complet
- 1,5 verre d'eau bouillante (ou de bouillon de légumes non salé)
- 10 g de fromage (parmesan ou comté vieux)
- 50 g de chair de potimarron avec la peau
- 1/2 gousse d'ail
- 1 pointe de couteau de muscade
- 1 pointe de sel

Hacher très finement l'oignon et le faire suer dans l'huile d'olive chaude.
Rincer le riz et le sécher dans un linge.
L'ajouter dans la casserole et remuer jusqu'à ce qu'il soit translucide.
Ajouter le liquide très chaud et couvrir. Faire cuire 15 à 20 minutes.
Hors du feu, ajouter le fromage en copeaux et remuer.
Pendant la cuisson du riz, laver le potimarron et le couper en petits morceaux.
Le faire cuire avec l'ail tranché finement pendant 15 minutes à la vapeur douce.
Écraser ensuite grossièrement le potimarron avec sa peau en ajoutant la muscade et le sel pour les mélanger.

Kasha aux carottes et au cumin

Pour 1 petit pot

- 1/2 carotte (50 g)
- 1 c. à s. de kasha
- 1 verre d'eau (120 ml)
- 1 pincée de cumin en poudre
- 1 pincée de sel

Éplucher et couper la carotte en petits dés.
Rincer le kasha. Dans une casserole, le couvrir avec l'eau.
Ajouter les autres ingrédients.
Cuire 15 minutes à feu doux et à couvert.

Poire fondante aux flocons de châtaigne

Pour 2 petits pots

1 poire
2 c. à s. de flocons de châtaigne toastés
1 petit verre d'eau (environ 100 ml)

Éplucher et couper la poire en morceaux.
Dans une casserole, disposer la poire et les flocons puis verser l'eau.
Faire cuire 10 minutes à feu doux à couvert.
Mélanger les ingrédients en les écrasant à la fourchette.

Dessert de quinoa à la pomme

Pour 1 petit pot

1 c. à s. de quinoa (soit environ 20 g)
1 petit verre d'eau (environ 100 ml)
1 petite pomme ou la moitié d'une plus grosse
1 c. à s. de jus de citron, particulièrement si vous préparez ce dessert à l'avance.
1 pincée de cannelle en poudre
1/2 c. à c. de miel

Rincer le quinoa puis le cuire 15 minutes dans l'eau, à feu doux et à couvert.
Râper la pomme. L'arroser du jus de citron si vous souhaitez conserver ce dessert quelques heures.
Mélanger la pomme et le quinoa dans la casserole, puis couvrir pour laisser gonfler les graines hors du feu 10 minutes.
Ajouter la cannelle et le miel.

Crème de banane et d'amarante

Pour 2 petits pots

1/2 verre d'amarante (soit environ 50 g)
3 verres d'eau
1 banane

Faire cuire l'amarante dans l'eau pendant 30 minutes à feu doux et à couvert.
Écraser la banane à la fourchette dans la casserole et mélanger.
Réserver une rondelle de banane pour décorer si vous servez ce dessert immédiatement.
Poursuivre la cuisson à feu très doux pendant 10 minutes.

Compote pomme-rhubarbe

Pour 1 petit pot

1 petite pomme
1/2 tige de rhubarbe
1 c. à c. de miel

Éplucher la pomme et la rhubarbe.
Les couper en petits morceaux.
Les placer dans une petite cocotte ou une petite casserole à fond épais, avec 1 c. à s. d'eau.
Couvrir et faire cuire à feu très doux, jusqu'à ce que les fruits se défassent en purée. Il faut compter 10 minutes environ.
Hors du feu, ajouter le miel et mélanger.
Servir tiède ou froid.

Petit flan miel-amande

Pour 4 petits pots

- 2 g d'agar-agar en poudre (1/2 sachet)
- 1 goutte d'arôme d'amande amère
- 2 c. à s. de miel
- 2 c. à s. de purée d'amande
- 500 ml d'eau

Mélanger tous les ingrédients sauf l'eau dans une petite casserole.
Ajouter l'eau très progressivement en remuant, pour l'émulsionner à la purée d'amande.
Porter ensuite à ébullition et laisser bouillir pendant 1 minute en remuant.
Verser dans les pots. La préparation se solidifie en refroidissant.

Semoule choco-noisette

Pour 1 petit pot

- 1 verre d'eau
- 3 c. à s. de couscous de blé dur semi-complet
- 1 c. à s. de pralin
- 1 c. à c. de cacao en poudre non sucré

Faire bouillir l'eau.
Dans un petit récipient résistant à la chaleur, mélanger les autres ingrédients.
Verser l'eau bouillante et laisser gonfler 5 minutes à couvert.

Variante :
Le pralin est un mélange de noisettes grillées et hachées et de sucre de canne complet, que l'on trouve en magasin bio.
Vous pouvez le remplacer par 1 c. à c. de rapadura et 1 c. à c. de purée de noisette.

Petit riz à la prune

Pour 1 petit pot

1 c. à s. de riz rond blanc ou semi-complet
2 prunes (ou une pêche)
1,5 verre d'eau (environ 180 ml)
1/2 c. à c. de miel (facultatif)

Rincer le riz rapidement puis le couvrir d'eau.
Ajouter les prunes coupées en petits morceaux.
Cuire à feu doux pendant 20 minutes.
Ajouter un peu de miel si les fruits sont trop acides.

Salade de fruits d'été

Pour 1 petit pot

1 grappe de groseilles
1 abricot
1/2 pêche
1 c. à s. de jus de raisin

Égrapper les groseilles et couper l'abricot et la pêche en petits morceaux.
Ajouter le jus de raisin et laisser macérer 1 heure au frais.
Cette salade de fruits crus ne peut être conservée.
Elle doit être servie dans la journée.

Recettes bio pour Superparents

Vous disposez de 5 minutes chrono entre votre retour du travail et le moment de mettre la table ? Tous les jours, votre sens de l'organisation et vos nerfs sont mis à l'épreuve. Quelques routines, des recettes à préparer à l'avance, et nous voici (presque) les superparents de nos rêves !

Des routines qui vous simplifient le quotidien

Voici quelques pistes testées et approuvées. Vous en retiendrez peut-être certaines :

• prévoir la cuisson d'un choix de légumes secs et de céréales pour quelques jours à l'avance. Ils serviront de base aux salades, galettes, gratins ou soupes pour 2 ou 3 jours ;

• laver les légumes du panier de la semaine, dès leur réception. Une fois lavés, les légumes doivent être parfaitement séchés. Coupez les fanes que vous préparerez en premier : les légumes racines se conserveront ainsi plus longtemps. Il est possible de conserver les salades ou les herbes aromatiques préparées dans un récipient fermé au réfrigérateur ;

• garder à disposition des enfants des en-cas qui ne nécessitent aucune préparation : des fruits frais à croquer ou des noix et noisettes écalées permettent souvent de résoudre dans le calme les petits

QUELQUES BASES POUR « VÉGÉTALISER » VOS REPAS

Voici quelques bons réflexes pour diversifier et équilibrer vos menus 100 % végétaux :

• le point de départ du plat sera souvent le choix du légume disponible au marché ou dans votre panier selon la saison. Choisissez des légumes parfaitement frais, parce qu'ils ont été tout récemment récoltés et qu'ils ont peu voyagé. Ils sont la meilleure source d'inspiration pour la cuisine quotidienne ;

• explorez toute la gamme des céréales, y compris sous leur forme complète ou semi-complète. Il y a le blé et le riz sous toutes leurs présentations bien sûr. Pensez aussi au maïs, à l'avoine, au seigle, à l'orge, à l'épeautre, au petit épeautre, au millet, au sarrasin. On peut de temps à autres compléter cette belle liste de céréales disponibles en France par quelques plantes venues d'ailleurs : quinoa, amarante, fonio, teff... ;

• réconciliez-vous avec les légumes secs. Ces légumineuses apportent des acides aminés complémentaires à ceux des céréales et comportent également toute une gamme de saveurs et de formes : lentilles de toutes les couleurs, haricots, pois, fèves, soja... ;

• pensez aux noix et aux graines : très appréciées des petits comme des grands, elles apportent croquant et fantaisie aux plats salés et sucrés. Elles sont aussi une source d'acides gras insaturés, de protéines et de minéraux.

passages à vide de la journée. Avez-vous remarqué que c'est justement au moment où vous préparez le repas qu'ils viennent réclamer à manger de toute urgence ?

PRÉPARER LES LÉGUMES SECS À L'AVANCE

- prévoir la quantité nécessaire pour deux repas (en comptant 50 g par personne et par repas) ;
- laver les légumes secs, puis les faire tremper dans une nouvelle eau pendant quelques heures ;
- bien les rincer. Dans la casserole, les couvrir d'un grand volume d'eau. Ajouter le petit truc en plus qui facilite cuisson et digestion : au choix un bouquet garni, de la sarriette ou de la sauge, un tronçon d'algue kombu ;
- si vous avez une cocotte bien isolante vous pouvez démarrer la cuisson 15 minutes à petits bouillons, puis la poursuivre 1 heure hors du feu sans ouvrir le couvercle ;
- une fois refroidis, les légumes secs se conservent 2 jours au réfrigérateur. Pour les garder plus longtemps, on peut les répartir en petites portions au congélateur.

	TEMPS DE CUISSON
Haricots secs	45 minutes
Pois chiches	45 minutes
Fèves	1 heure
Pois cassés	45 minutes à 1 heure

Tartines blanches

1 petit radis noir ou la moitié d'un long
Gros sel non raffiné
4 tranches de pain semi-complet
200 ml de fromage blanc de chèvre
Miel de sapin

À l'avance : éplucher le radis noir, puis le râper.
Dans un récipient doté d'un couvercle, mélanger le radis noir et le gros sel.
Fermer et réserver au frais.
Au contact du sel, le radis noir perd une partie de son goût soufré et devient beaucoup plus doux. Il peut être conservé ainsi quelques jours au réfrigérateur.

Au moment de servir : au moment du repas, rincer le radis noir pour en ôter le sel, puis l'égoutter.
Faire griller les tranches de pain.
Les tartiner de fromage blanc fermier. Décorer d'un filet de miel de sapin.

Soupe aux haricots rouges et blancs

- 100 g de haricots secs (un mélange de rouges et de blancs)
- 1 oignon
- 1 ou 2 poireaux
- 250 g de chou vert, par exemple du chou pointu
- 2 carottes
- 1 pincée de sel
- 2 pincées d'estragon séché
- 1 gousse d'ail

À l'avance : la veille, faire tremper les haricots secs puis les cuire avec un tronçon d'algue kombu. Dans une cocotte, faire chauffer un petit peu d'huile d'olive pour y faire dorer l'oignon et les poireaux hachés. Ajouter les carottes et le chou en petits morceaux et les cuire à l'étouffée quelques minutes. Verser ensuite 1 l d'eau et ajouter le sel, l'estragon et l'ail haché. Couvrir et laisser mijoter 20 minutes. Laisser refroidir complètement et conserver au frais, ou en petites parts au congélateur.

Au moment de servir : ajouter les haricots cuits à la soupe pour les réchauffer ensemble.

Variante : cette soupe peut être transformée en plat unique, en ajoutant 150 g de petites pâtes et un peu de liquide, au moment de réchauffer la soupe.

Soupe de pois cassés au curry

- 200 g de pois cassés
- 1 oignon
- 2 carottes
- 1 pomme
- 1 c. à s. d'huile d'olive
- 1 c. à c. de graines de moutarde
- 1 c. à c. de curry doux
- 1 tronçon d'algue kombu
- 1 l d'eau
- Sel
- Crème fraîche ou crème de soja lacto-fermentée (facultatif)

À l'avance : faire tremper les pois 1 heure.
Couper l'oignon, les carottes et la pomme en petits morceaux de taille régulière.
Les faire revenir dans une cocotte à fond épais, avec un petit peu d'huile.
Ajouter les épices et faire blondir 10 minutes environ.
Égoutter les pois cassés. Les ajouter à la cocotte avec le tronçon de kombu rincé et l'eau. Couvrir et laisser mijoter à feu doux pendant 45 minutes. Saler en fin de cuisson.
Laisser refroidir et conserver au réfrigérateur, ou en petites parts au congélateur.

Au moment de servir : réchauffer et servir avec 1 cuillerée de crème épaisse si vous le souhaitez.

Salade de pois chiches et croûtons

150 g de pois chiches
1/2 concombre long ou 1 petit concombre de jardin
4 tomates
1 poignée d'olives noires
1 belle tranche de pain bio
Huile d'olive et vinaigre de cidre

À l'avance : faire cuire les pois chiches.
Une fois refroidis, vous pouvez les conserver au frais jusqu'à 3 jours.

Au moment de servir : ôter les graines du concombre mais laisser la peau.
Émincer les légumes.
Passer le pain au grille-pain, puis le couper en dés.
Mélanger avec les autres ingrédients.
Arroser la salade d'un filet d'huile d'olive et d'un peu de vinaigre de cidre.

En plus : exceptionnellement, si vous avez le temps ou de la « main-d'œuvre » coopérative, prenez le soin d'ôter la peau des pois chiches en les pressant entre deux doigts. C'est un peu fastidieux mais vous serez récompensés par le raffinement de la salade !

Crème de haricots blancs au basilic

1 bol de haricots blancs cuits (compter 100 g de haricots secs ou un litre de haricots frais à écosser)
1 gousse d'ail
1 branche de basilic frais
1 c. à s. d'huile d'olive
1 pincée de fleur de sel de Guérande

À l'avance : laisser refroidir les haricots après la cuisson.
Les mixer avec l'ail, les feuilles de basilic et l'huile d'olive.
Ajouter un petit peu d'eau et mixer à nouveau jusqu'à obtention d'une crème homogène facile à tartiner.
Ajouter la fleur de sel puis réserver au frais.

Au moment de servir : servir sur du pain ou avec des légumes crus en bâtonnets.

Panisses à la muscade et au cumin

200 g de farine de pois chiches
1 c. à c. de sel
1/2 c. à c. de noix de muscade moulue
2/3 de l d'eau
2 c. à s. d'huile d'olive
1 salade verte
Quelques graines de cumin

À l'avance : mélanger la farine de pois chiches, le sel et la muscade dans une casserole. Ajouter progressivement l'eau et l'huile en remuant pour obtenir une pâte homogène.
La porter à ébullition, puis baisser le feu. Remuer régulièrement 15 minutes environ.
Huiler un ou plusieurs moules. On peut utiliser des boîtes cylindriques ou à défaut un moule à cake.
Y verser la préparation, puis la laisser refroidir complètement.
Conserver au frais 2 jours maximum.

Au moment de servir : juste avant le repas, démouler le « pain » et le couper en tranches.
Dans une poêle, faire dorer sur les deux faces, dans un peu d'huile d'olive.
Servir bien chaud avec une salade verte et quelques graines de cumin.

Tatin d'aubergines caramélisées

Pour la garniture :
750 g d'aubergines environ
1 c. à s. d'huile d'olive
1 c. à c. de cumin en poudre
1 c. à c. de sel
Du thym

Pour la pâte à tarte :
100 g de farine de sarrasin
100 g de farine de froment T80
1 pincée de sel
1 c. à s. d'huile d'olive
1 œuf
1 grosse c. à s. de fromage blanc (ou 1/2 verre de lait de soja)

Pour le moule :
1 c. à s. d'huile d'olive
1 c. à s. de sucre rapadura

À l'avance : couper les aubergines en dés et les faire dorer dans une cocotte huilée. Couvrir et cuire à feu doux pendant 1/4 d'heure environ.
Lorsque les aubergines sont bien tendres, ajouter le cumin, le sel et le thym. Réserver.

Mélanger les farines et le sel. Creuser une fontaine et y verser l'huile, l'œuf et un petit peu de fromage blanc.
Mélanger et ajuster la consistance en ajoutant si nécessaire du fromage blanc.
Huiler un moule à tarte. Y saupoudrer le sucre en le répartissant sur tout le fond pour le caramel. Il faut éviter d'en mettre sur les bords du moule, car cela compromettrait le démoulage de la tarte.
Ajouter ensuite les aubergines.
Étaler la pâte sur un plan de travail fariné. En couvrir les aubergines et enfoncer les bords de la pâte tout autour du moule.
Enfourner à four chaud (th. 6) pendant 30 minutes environ.
Démouler en retournant la tarte sur un plat de service.
Cette tarte se conserve 24 à 48 h et s'apprécie froide.

Recettes bio pour parents pressés

Il y a des jours où...

- la cuisinière est malade ou au bord de la crise de nerfs, ce qui peut arriver au cuisinier aussi d'ailleurs, spécialement si l'une ou l'autre est parent ;
- les enfants sont trop affamés pour patienter ;
- la dernière réunion a fini tard, ou bien on a un peu trop traîné à la sortie de l'école ;
- on est en panne d'inspiration ;
- on a mieux à faire que la cuisine ;
- ou bien tout ça à la fois...

Mais les légumes, les céréales et les légumineuses, les piliers nutritionnels d'une alimentation végétale, ont la fâcheuse réputation d'être longs à éplucher ou à cuire. Est-il encore possible de préparer un bon repas en deux temps trois mouvements ? Rassurez-vous. En cas de crise, je m'appuie sur une liste d'ingrédients qui constituent une sorte de placard « à ouvrir en cas d'urgence », constitué des ingrédients qui cuisent le plus vite. Quant aux légumes, c'est le moment de les manger crus ou de choisir les préparations à cuisson courte.

Le placard à ouvrir en cas d'urgence

Lorsqu'il y a urgence, tous les parents savent faire appel aux pâtes ou au riz blanc étuvé. Mais comme les situations de crise ont parfois tendance à se répéter, il peut être agréable de varier les plaisirs avec ces céréales qui détiennent des records de vitesse.

Les céréales

Le quinoa et le millet, dont la cuisson se démarre à l'eau froide, sont prêts en 1/4 d'heure chrono. Ce n'est pas plus long que de faire bouillir l'eau et de faire cuire des pâtes. Pensez aussi à toutes les céréales disponibles en grains concassés ou en flocons.

CÉRÉALES	TEMPS DE CUISSON
Polenta instantanée	2 à 3 minutes, départ eau bouillante
Kasha	5 à 10 minutes
Boulgour (au choix blé dur, sarrasin, orge…)	5 minutes
Flocons de céréales (au choix blé, seigle, avoine, riz, millet...)	5 à 10 minutes
Fonio	7 minutes
Pâtes de blé dur semi-complètes	5 à 15 minutes, départ eau bouillante
Épeautre précuit	10 minutes
Quinoa	15 minutes
Couscous (au choix blé dur, Kamut, sarrasin, orge, millet)	5 minutes
Millet	20 minutes
Blé mondé précuit Orge précuite	20 minutes

Les légumes secs

Du côté des légumineuses, les lentilles ne rallongent pas le temps de préparation du repas. Le tofu nature se conserve au frais et se prépare en un clin d'œil. Quant aux flocons de légumineuses, ils existent pour un grand choix de légumes secs, avec un temps de cuisson très raccourci.

LÉGUMINEUSES	TEMPS DE CUISSON
Lentilles vertes, rouges ou brunes	20 minutes
Lentilles corail	20 minutes
Flocons de légumineuses (pois chiches, haricots, pois cassés)	5 à 10 minutes
Tofu	Déjà cuit. À conserver quelques jours au frais et à réchauffer.
Tempeh	Déjà cuit. À conserver quelques jours au frais et à réchauffer.

Kasha avec du concombre et des noix

2 verres d'eau
1 verre de kasha
1 concombre
1 yaourt au lait de vache ou de soja
1/2 c. à c. de moutarde
1 c. à c. de cumin en poudre
Quelques brins de ciboulette ou de persil
12 noix

Faire bouillir l'eau et la saler, avant d'y jeter le kasha. Baisser le feu et couvrir. Après 3 minutes, goûter et ajouter éventuellement un petit peu d'eau si les grains sont encore trop fermes.
Couper le concombre non épluché en rondelles fines. Le saler.
Le servir avec le yaourt dans lequel on aura mélangé la moutarde et le cumin.
Décorer avec les noix décortiquées et de la ciboulette ou du persil.

Variante pour l'hiver : remplacer le concombre par une betterave crue râpée ou une betterave cuite coupée en dés.
On peut servir le kasha avec des lentilles brunes, pour une assiette complète.

Œufs à la coque avec mouillettes de légumes

4 œufs extra-frais
Du gomasio à saupoudrer
4 tranches de pain bio
Du beurre ou de la purée d'amande pour les mouillettes
Quelques légumes crus à couper en bâtonnets, par exemple carotte, panais, céleri-branche, concombre, courgette...

Sortir les œufs du réfrigérateur et les laisser se réchauffer pendant que l'on fait chauffer l'eau. Porter une casserole d'eau à ébullition, avec 1 pincée de sel. Lorsque l'eau bout, y plonger les œufs et compter 3 minutes, pas une de plus. Égoutter les œufs et les passer sous l'eau froide.
Proposer du gomasio pour les assaisonner. Servir avec des bâtonnets de crudités à tremper dans l'œuf.

Œufs au nid de courgettes

1 c. à s. d'huile d'olive
4 courgettes
1 branche de thym
1 pincée de sel
250 g de pâtes semi-complètes
4 œufs extra-frais

Faire revenir les courgettes coupées en dés dans une cocotte huilée.
Effeuiller une branche de thym et saler.
Lorsque les légumes sont dorés, poursuivre la cuisson à feu doux en couvrant. Il faut compter 15 minutes environ. Pendant ce temps, faire cuire les pâtes. Lorsque les courgettes sont bien tendres, y creuser 4 trous. Y casser les oeufs et couvrir. Laisser cuire 3 minutes.
Le blanc des œufs doit être pris et le jaune rester liquide. Servir immédiatement, accompagné des pâtes.

Les œufs

Pour peu qu'ils soient « extra-frais », c'est-à-dire pondus depuis moins d'une semaine, une cuisson de 3 minutes leur suffit. J'ai pris l'habitude de réserver notre boîte d'œufs hebdomadaire au repas qui doit être le plus rapide à préparer.
À quatre, cela laisse encore 2 œufs pour une pâtisserie, des crêpes ou une quiche un autre jour.

Tofu sauté, riz et timbale de carottes parfumées

1 tasse de riz long semi-complet
2 tasses d'eau
125 g de tofu
1/2 verre de tamari
De l'huile d'olive
4 carottes
1/2 concombre
4 branches de céleri
1 c. à c. de curcuma
Quelques branches de coriandre fraîche

Rincer le riz puis le faire cuire dans l'eau non salée à couvert. Cuire à petits bouillons pendant 20 minutes. Pendant ce temps-là, couper le tofu en dés et le faire mariner quelques instants dans le tamari. Égoutter le tofu en réservant le tamari. Il servira à saler le riz et les légumes dans l'assiette. Faire chauffer un peu d'huile dans une poêle et y faire dorer 5 minutes les dés de tofu en les retournant régulièrement. Éplucher les carottes et le concombre. Les hacher au robot culinaire avec le céleri, le curcuma et la coriandre. Faire cuire ce hachis dans une poêle huilée jusqu'à ce qu'il devienne fondant. Il faut compter 5 minutes environ. Pour servir ces légumes en timbale, il suffit de les mouler dans une tasse que l'on retourne sur l'assiette.

Polenta aux lentilles et champignons à la crème

1 verre de lentilles
Au moins 1/2 l d'eau
250 g de champignons de Paris
1 gousse d'ail
4 c. de crème de soja lacto-fermentée
1/2 l d'eau
1 verre de polenta instantanée
1 pincée de sel

Verser les lentilles dans une casserole et les couvrir largement d'eau.
Couvrir la casserole et cuire à petits bouillons pendant 20 minutes.
Nettoyer les champignons et les couper en 4. Les faire revenir dans une sauteuse huilée avec la gousse d'ail écrasée. En fin de cuisson, ajouter la crème de soja.
Dans une autre casserole, faire bouillir l'eau salée. Y verser la polenta en pluie en mélangeant sans arrêt pendant 2 minutes, jusqu'à ce qu'elle soit épaisse et homogène.

Couscous du placard

1,5 tasse d'eau
1 tasse de couscous
50 g de raisins secs
1 pincée de sel
1 c. à c. de raz el hanout
1 c. à s. d'huile de sésame ou une noisette de beurre
1 poignée d'amandes décortiquées

Porter l'eau à ébullition.
Dans un bol résistant à la chaleur, mélanger le couscous, les raisins secs, le sel et le raz el hanout. Verser l'eau bouillante sur ce mélange. Couvrir et laisser gonfler 5 minutes.
Pendant ce temps, faire griller les amandes à sec.
Arroser le couscous d'un filet d'huile de sésame ou ajouter un petit morceau de beurre. Séparer les grains de semoule à la fourchette et disposer les amandes grillées.

Pilaf de quinoa et de millet au jus de tomates

1 c. à s. d'huile d'olive
1 oignon
3 carottes
1/2 tasse de quinoa
1/2 tasse de millet
1/2 l de jus de tomate (ou du coulis de tomate coupé d'eau)
1/2 c. à c. de sel

Dans un petit peu d'huile, faire revenir l'oignon haché finement et les carottes coupées en dés.
Laver le quinoa et le millet, puis les égoutter.
Verser les graines sur les légumes et remuer quelques instants.
Ajouter le jus de tomate et le sel. Couvrir et faire cuire 15 minutes. Laisser gonfler hors du feu et à couvert 5 minutes.

Mon enfant n'aime pas les légumes

La plupart des enfants mangent de tout et apprécient les légumes. Je dois avouer que j'ai longtemps été convaincue que les enfants qui n'aimaient pas les légumes étaient sous l'influence de parents qui n'osaient pas leur en proposer. Jusqu'à ce que mon deuxième fils démente ce préjugé avec sa détestation têtue pour les légumes. Je partage ici quelques recettes avec vous, qui ont fait leurs preuves dans mes tentatives pour le faire changer d'avis. Au moins la première fois...

Patienter et dédramatiser

Les bébés ont une préférence innée pour le goût sucré. Les goûts de l'individu évoluent ensuite avec les années et il est rare qu'une personne conserve ses goûts et dégoûts de l'enfance jusqu'à l'âge adulte. Conclusion : ce n'est pas parce que votre enfant « n'aime pas les légumes » maintenant qu'il ne les aimera pas dans quelques mois ou un peu plus tard.

Inutile de le forcer : des études ont montré que les parents qui exercent un chantage au sujet d'un aliment mal aimé (du genre : « Finis tes légumes et tu auras le droit d'aller jouer ») obtiennent de moins bons résultats que ceux qui ne font rien.

Quant aux recommandations nutritionnelles qui insistent sur la part des fruits et légumes dans l'alimentation, il ne nous reste plus, pour en tenir compte, qu'à proposer des fruits frais en abondance ! Ou des légumes à l'enfant qui n'aime pas les fruits.

LA FORMATION DU GOÛT ET LE « PARADOXE DE L'OMNIVORE »

Claude Fischler, sociologue de l'alimentation[12], décrit un paradoxe universel. Chaque être humain doit s'en accommoder : en tant qu'omnivore, il est poussé à varier ses sources alimentaires pour équilibrer ses apports nutritionnels. Mais il est aussi tenu à une grande prudence à l'égard des aliments inconnus et potentiellement toxiques. Tiraillé entre ces deux nécessités, l'être humain utilise universellement la cuisine et l'éducation familiale pour résoudre ce paradoxe.

Chaque petit humain passe probablement par des étapes successives d'attrait soudain puis de néophobie qui font partie intégrante de son développement normal. Lorsque l'enfant montre une grande curiosité gustative pour des substances bizarres, puis tout aussi soudainement un dégoût violent pour un ingrédient ou mélange nouveau, la patience des parents peut être mise à rude épreuve.

En nous souvenant que ces phases sont les manifestations normales du développement de l'enfant qui apprend à sa façon « le paradoxe de l'omnivore », nous les tolérons mieux.

Première astuce : inventer et amuser

Vous séduirez peut-être votre enfant avec une fleur de carotte ou un radis sculpté en monstre. C'est l'occasion de lui montrer que les légumes changent de goût selon qu'ils sont cuits ou crus, coupés finement ou en gros morceaux à grignoter avec les doigts, mixés en coulis coloré ou en pâté végétal.
Dans plusieurs familles de mon entourage, y compris la mienne, les enfants préfèrent chiper les légumes crus pendant la préparation du repas, plutôt que de goûter à la cocotte de légumes mitonnés servie à table. J'en ai pris mon parti : le temps de l'épluchage est devenu le moment de leur faire découvrir les goûts nouveaux. Voyez les recettes « Barquettes de céleri » et « Houmous et bâtonnets » page 50 où les légumes restent tout crus.

Deuxième astuce : accommoder sous une forme amicale

Pâtes, frites, pizzas... On avait pourtant juré que nos enfants mangeraient autre chose ! Mais, il semble bien que tous sans exception raffolent de ce tiercé gagnant. Alors, pourquoi bouder leur plaisir et le nôtre ? Voyons plutôt comment y puiser de l'inspiration avec les « Spaghettis aux spaghettis » et les « Lasagnes végétales aux carottes et à la purée de noisette » page 52.

Troisième astuce : camoufler

Avec les « Paillassons de pommes de terre aux légumes » page 54, les « Petits chaussons au patidou et aux champignons » page 58 et le « Pain d'épices au potimarron » page 56.

Houmous et bâtonnets de légumes à manger avec les doigts

Pour le houmous :

200 g de pois chiches crus (ou 400 g de pois chiches cuits)

1 tronçon d'algue kombu

2 c. à s. bombées de tahin (purée de sésame)

1 gousse d'ail

Le jus d'un citron

1 pincée de paprika

1/2 c. à c. de cumin

À croquer, selon la saison : batônnets crus de carotte, de concombre, de chou-rave, de courgette, de panais...

À l'avance : faire tremper les pois chiches et les cuire avec l'algue kombu.

Lorsque les pois chiches ont refroidi, les éplucher. Les mixer avec les autres ingrédients en ajoutant un peu d'eau pour obtenir une consistance onctueuse. Servir avec les légumes coupés en bâtonnets, à tremper dans le houmous.

Barquettes de céleri pour les écureuils

3 branches de céleri

1 carotte

2 échalotes

1 c. à s. de purée de noisettes

1 c. à c. de jus de citron

1 pincée de sel aux herbes

Ôter la partie feuillue du céleri pour conserver les côtes. Si nécessaire, on peut les éplucher superficiellement à l'économe pour ôter les fils.
Couper les côtes de céleri en tronçons.
Au robot culinaire, mixer ensemble les carottes et les échalotes.
Ajouter ensuite la purée de noisettes, le jus de citron et le sel.
Homogénéiser au robot et tartiner dans les barquettes de céleri.

Spaghettis aux spaghettis

250 g de spaghettis semi-complets
2 carottes
2 courgettes

Pendant la cuisson des pâtes, détailler en longue julienne les carottes et courgettes pour former des spaghettis de légumes. Mieux vaut être équipé d'un couteau à julienne ou d'une mandoline. On peut aussi opter pour des tagliatelles aux tagliatelles de légumes... à couper à l'économe.
À 2 minutes de la fin de la cuisson des pâtes, ajouter les légumes dans l'eau. Ils vont s'attendrir en gardant de belles couleurs. Égoutter et servir immédiatement.

Lasagnes végétales aux carottes et à la purée de noisette

Les lasagnes déguisent à merveille les légumes auprès des enfants. Je vous en propose ici une version assez rapide à préparer. En effet, les carottes râpées n'ont pas besoin de cuisson préalable. On prépare la béchamel à la purée de noisette, et hop, au four !

800 g de carottes
2 c. à s. de farine de froment T80
2 c. à s. bombées de purée de noisette
750 ml de lait de soja
Sel
1 pointe de muscade
1/2 c. à c. de cumin
9 plaques de lasagnes
De la levure maltée (ou comté râpé)

Râper les carottes.
Préparer une béchamel végétale en mélangeant la farine et la purée de noisette. Sur le feu, introduire un petit peu de lait de soja en remuant pour délayer ce mélange. Verser ensuite le reste du lait, puis laisser cuire à feu doux jusqu'à ce que la sauce épaississe. Ajouter le sel et les épices.
Dans un plat huilé, alterner les pâtes, les carottes râpées et la béchamel, en prenant soin de garder de la sauce pour couvrir la dernière couche de pâte. Saupoudrer de levure maltée. Arroser le plat avec 1 verre d'eau qui va imbiber les pâtes et facilitera leur cuisson. Enfourner pour 20 minutes à four chaud (th. 6).

Paillassons de pommes de terre aux légumes

On peut dissimuler le vilain légume dans un délicieux paillasson de pommes de terre. Chou vert, carotte, oignon, poireau ou courgette : le paillasson garde malgré tout son croustillant et son irrésistible odeur de pomme de terre rôtie !

6 pommes de terre d'une variété pour purée
1 pointe de muscade
1 pincée de sel aux herbes

Pour un paillasson d'hiver :
1 tout petit chou vert (ou la moitié d'un plus gros)

Pour un paillasson d'été :
2 courgettes
1 gousse d'ail

Éplucher les pommes de terre.
Râper les légumes.
Ajouter les autres ingrédients et bien mélanger.
Répartir cette préparation dans des moules à tartelettes ou des ramequins huilés.
Les enfourner 20 minutes à four chaud (180 °C - th. 6).
À la sortie du four, démouler et retourner les paillassons, car le dessous est plus doré. Servir bien chaud.

Bon à savoir : lorsque les pommes de terre sont épluchées et râpées, il faut les cuire rapidement. Elles risqueraient sinon de noircir.

Pain d'épices au potimarron

Pour ceux qui disent : « j'aime pas » avant d'avoir goûté, voici une petite ruse de mère taquine. Même pas honte ! Ce gâteau aux légumes invisibles les obligera à constater : « ch'est bon » la bouche pleine. Surtout, ne vendez pas la mèche avant qu'ils aient fini leur part...

1 verre d'eau
150 g de miel
300 g de potimarron ou de sucrine du Berry
150 g de farine de froment T80
150 g de farine de sarrasin
1 pincée de sel
3 clous de girofle (ou une pointe de clous de girofle moulus)
1/2 c. à c. de cannelle moulue
1/2 c. à c. de cardamome moulue
1 c. à c. de graines de fenouil
1 verre d'huile d'olive

Dans une petite casserole, faire chauffer l'eau et les épices et laisser infuser 5 minutes hors du feu.
Ôter les clous de girofle et ajouter le miel.
Remettre sur le feu jusqu'à ce que le miel soit dissout.
Hacher le potimarron avec la peau (ou la sucrine épluchée) avec la lame métallique du robot culinaire.
Ajouter les autres ingrédients et le sirop de miel pour obtenir une pâte assez liquide.
La verser dans un moule à cake.
Enfourner et cuire 45 minutes à four moyen (th. 4-5) en couvrant éventuellement le pain d'épices pour éviter qu'il ne brûle.

À savoir : l'arôme des épices se développe au bout de 2 à 3 jours.
Si votre mangeur de légumes qui s'ignore peut patienter, on peut conserver le gâteau dans un linge.

Variante : on peut remplacer le potimarron par de la carotte râpée, pour préparer ce pain d'épices toute l'année.

Petits chaussons au patidou et aux champignons

Ces chaussons peuvent être mangés chauds ou froids. Faciles à manger avec les doigts, ils sont pratiques pour un pique-nique d'automne.

Pour la pâte :

250 g de farine de froment T80

1 c. à s. de levain fermentescible (10 g)

1 c. à c. de sel

2 c. à s. d'huile d'olive

1 verre d'eau

1 patidou (environ 250 g)

200 g de champignons

1 branche de thym

1 gousse d'ail

Mélanger la farine, le levain et le sel. Ajouter l'huile d'olive et un petit peu d'eau et commencer à pétrir.
Ajouter la quantité d'eau nécessaire pour obtenir une pâte homogène et non collante. Pétrir 10 minutes environ.
Laisser la pâte reposer 1 heure, couverte d'un linge, à température ambiante ou près d'une source de chaleur en hiver. Elle doit doubler de volume.
Pendant ce temps, laver le patidou, le couper en 2 et en ôter les graines.
Le cuire à la vapeur douce 15 minutes environ. En général, la peau est assez tendre après cuisson pour ne pas nécessiter d'épluchage.
Couper le patidou en petits morceaux réguliers. Le laisser refroidir.
Lorsque la pâte est prête, mélanger les morceaux de patidou, les champignons crus tranchés, le thym effeuillé et la gousse d'ail écrasée.
Former une vingtaine de petites boules de pâte.
Les étaler sur un plan de travail fariné et les farcir de légumes.
Replier la pâte pour former un chausson, que l'on dépose sur une tôle farinée.
Enfourner pour 15 minutes à four chaud (th. 6).

Des rituels et des fêtes

Certains sont, depuis toujours, inscrits au calendrier. D'autres sont des inventions de nos parents ou de nos enfants... Tous ces rituels, immédiatement repérables par le menu spécial ce jour-là, contribuent à nous faire nous sentir une famille, avec une identité et une intimité partagées.

Soirée croque-monsieur ou pizza, chocolats de Pâques ou de Noël, fête de la courge : adoptez les vôtres et régalez-vous !

Peut-être un jour, vos enfants devenus grands partageront-ils ces souvenirs culinaires avec leurs propres enfants...

APÉRO À GRIGNOTER

À l'improviste ou soigneusement préparé, c'est l'apéritif qui signe le plaisir de recevoir les amis et la famille. Pour le plaisir d'entendre : « Dis Maman, on peut faire un apéro ? », dès que quelqu'un arrive à la maison.

★ ★ ★ ★ ★ ★ ★ ★ ★ ★ ★ ★ ★ ★ ★ ★ ★ ★ ★

Crackers aux graines

200 g de farine de petit épeautre
1 pincée de bicarbonate de soude
1 pincée de sel aux algues
2 c. à s. d'huile d'olive
De l'eau tiède
2 c. à s. de graines de tournesol décortiquées
1 c. à s. de graines de chanvre grillées
1 c. à c. de sel

Mélanger la farine, le bicarbonate et le sel. Ajouter l'huile d'olive. Mélanger progressivement avec l'eau tiède jusqu'à obtention d'une pâte non collante.
Étaler la pâte au rouleau sur un plan de travail fariné. Découper la pâte en carrés avec une roulette à pâtisserie. Les disposer sur une plaque de four farinée.
Répartir les graines sur les biscuits et les enfoncer du doigt dans la pâte.
Enfourner 10 minutes à four chaud (180 °C). Les crackers doivent rester pâles.

★ ★ ★ ★ ★ ★ ★ ★ ★ ★ ★ ★ ★ ★ ★ ★ ★ ★ ★

Gressins au romarin

1 c. à s. de romarin
250 g de farine de froment T80
1 pincée de sel
1 c. à s. de levain fermentescible
1 grand verre d'eau tiède
2 c. à s. d'huile d'olive

Hacher le romarin aux ciseaux.
Mélanger la farine, le sel, le romarin, le levain et l'huile. Creuser une fontaine et ajouter de l'eau progressivement jusqu'à obtention d'une pâte non collante.
Pétrir quelques minutes. Laisser la pâte reposer 1 heure à température ambiante, ou près d'une source de chaleur en hiver. Elle doit gonfler et doubler de volume.
Prélever de petites boules de pâte avec les mains farinées et les allonger en boudins fins, que l'on dépose sur une tôle farinée. Enfourner pour 12 minutes à four chaud (th. 6).

★ ★ ★ ★ ★ ★ ★ ★ ★ ★ ★ ★ ★ ★ ★ ★ ★ ★ ★

Tartinade de champignons à la coriandre

300 g de champignons de Paris
2 gousses d'ail
1 gros oignon
Un peu d'huile d'olive
3 c. à s. de vinaigre de cidre
1 c. à s. de farine de froment T80
Du thym
3 c. à s. de levure maltée
Du sel et du poivre
3 c. à s. d'huile de colza
1 c. à s. de graines de coriandre
2 c. à s. de flocons d'avoine

À l'avance :
Faire dorer les champignons tranchés finement et l'ail dans un peu d'huile d'olive. Lorsqu'ils sont cuits, les mixer au robot culinaire avec les autres ingrédients. Laisser refroidir complètement ce pâté pour le servir en tartines avec un brin de persil.

Bon à savoir :
Vous pouvez conserver ce pâté pour le servir lors d'un apéritif improvisé par exemple. Dans ce cas, il faut faire bouillir le récipient vide puis le stériliser après fermeture pendant 30 minutes à l'eau bouillante. Profitez de ces grandes manœuvres pour préparer une plus grande quantité.

GALETTE DES ROIS

Avec sa fève et la couronne, le temps de la galette des rois est l'un des préférés de l'année pour mes enfants.

La galette "avec du beurre dedans"

« J'aime la galette, savez-vous comment ? » Comme ma maman la prépare, avec du sucre brun et des petits morceaux de beurre sur le dessus. Bien sûr, cette galette au bon goût des souvenirs d'enfance reste ma préférée.

Pour la pâte levée :
300 g de farine de froment semi-complète
10 g de levain fermentescible (ou 1 c. à s.)
1 pincée de sel
2 c. à s. de sucre rapadura
1 œuf
De l'eau tiède

Pour la garniture :
30 g de beurre en petits dés
2 à 3 c. à s. de sucre rapadura

Mélanger la farine, le levain, le sel et le sucre. Creuser une fontaine.
Y casser l'œuf et verser de l'eau progressivement.
Mélanger jusqu'à obtention d'une pâte homogène. Pétrir 10 minutes puis laisser reposer sous un linge et à température ambiante. Pour que la pâte double de volume, il faut prévoir plus d'1 heure de repos.
Étaler la pâte sur une grande plaque farinée en formant un boudin de pâte sur le contour. Saupoudrer la pâte de sucre, en évitant les bords.
Déposer les dés de beurre sur le dessus.
Enfourner à four chaud (th. 6) pour une cuisson de 20 minutes environ.
À la sortie du four, badigeonner le sucre d'un petit peu d'eau froide.

Galette vite faite à la frangipane et aux poires

Une solution intermédiaire entre la galette du pâtissier et la confection maison de la pâte feuilletée : c'est la frangipane maison. Elle fait l'objet de tous nos soins, avec des ingrédients très bio, 100% végétaux, et en 5 minutes chrono !

150 g d'amandes décortiquées
80 g de sucre rapadura
50 g de purée d'amande
1 verre de lait de soja vanillé
2 pâtes feuilletées
2 poires

Hacher les amandes au robot culinaire à lame métallique.
Ajouter le sucre, la purée d'amande et le lait de soja.
Mixer pour obtenir une crème homogène.
Dérouler une pâte feuilletée dans un moule à tarte.
Répartir la frangipane et cacher la fève.
Disposer les poires épluchées et coupées en quartiers.
Couvrir de la deuxième pâte feuilletée. Souder les bords en les pressant.
Avec un couteau pointu, décorer les bords et le dessus de la galette, ce qui aidera la pâte feuilletée à gonfler.
Dorer au pinceau avec un petit peu de lait de soja vanillé.
Enfourner 20 minutes à four chaud, jusqu'à ce que la galette soit bien dorée.

SOIRÉE CRÊPES

Voici des recettes de pâtes à crêpes, pour manger des crêpes bien plus souvent qu'à la Chandeleur. Chacun peut inventer sa garniture et cela suffit à créer une ambiance de fête.
Les proportions permettent de préparer 10 à 12 grandes crêpes.

Galettes au sarrasin

250 g de farine de sarrasin
1 pincée de sel
1 œuf (facultatif)
1/2 l d'eau
1 c. à s. d'huile de tournesol

Mélanger tous les ingrédients et laisser reposer la pâte.
Ajouter ensuite un petit peu d'eau si nécessaire, car la quantité de liquide nécessaire dépend du taux d'extraction de la farine.
Chauffer une poêle huilée à feu assez vif avant de commencer la cuisson des crêpes.

Crêpes à la farine de pois chiches

200 g de farine de pois chiches
50 g de farine de froment T80
1 c. à c. de curcuma en poudre
1 pincée de sel
1/2 l d'eau
1 c. à s. d'huile d'olive

Ces crêpes salées se préparent comme d'habitude ou dans de petites poêles à blinis. Elles s'accordent délicieusement avec un confit d'oignons, un chutney ou une fondue de poireaux.

SOIRÉE CROQUE

Chez nous, c'est souvent moi qui prend l'initiative des soirées crêpes et c'est mon compagnon qui décide des soirées croque. Quand papa fait la cuisine, les croque-monsieur se prêtent à toutes les variations qu'offre le frigo.

Croque-monsieur au tofu et aux légumes

1 pain de mie bio tranché ou un pain au levain moulé
De la purée d'amande
100 g de tofu fumé
50 g de fromage (mozzarella de bufflonne, roquefort ou comté)

Des légumes frais de saison : une poignée de petits pois et fèves frais, une courgette en tout petits dés, une carotte râpée ou quelques cuillerées de graines germées...

Tartiner une tranche de pain de purée d'amande.
Superposer quelques lamelles de tofu ou de fromage et les légumes crus.
Couvrir de la deuxième tranche de pain.
Cuire quelques minutes dans un moule à croque-monsieur légèrement huilé.

Croque-monsieur poire chocolat

8 tranches de pain de mie ou de brioche
4 c. à c. de purée d'amande
2 poires
4 carrés de chocolat à 70 % de cacao

Tartiner 4 tranches de pain ou de brioche de purée d'amande. Ajouter sur chacune 1/2 poire coupée en lamelles et des copeaux de chocolat. Couvrir des autres tranches de pain et cuire dans un moule à croque-monsieur légèrement huilé.

Mes chocolats de Pâques bio

Choisir avec soin son chocolat, pour le transformer en jolis petits sujets de Pâques ou de Noël : c'est facile, économique et ludique, à condition de connaître la marche à suivre.

2 plaques de très bon chocolat noir

Casser le chocolat en petits morceaux dans un bol parfaitement sec.
Chauffer au bain-marie, jusqu'à ce que le chocolat atteigne une température de 50-55 °C. Attention, il ne faut pas dépasser cette température.
Faire refroidir le chocolat à 27 °C. On peut accélerer le refroidissement en plongeant le bol dans de l'eau froide.
Replacer le bol au bain-marie et faire chauffer jusqu'à 30-32 °C.
Après ce « tempérage », le chocolat est prêt à être versé dans les moules, qui doivent être parfaitement secs. Taper le moule rempli sur la table pour éliminer les bulles d'air, puis laisser sécher quelques heures.
Lorsque le chocolat est parfaitement refroidi, démouler en tapant le moule d'un coup sec sur la table.

Bon à savoir : il suffit de relativement peu de matériel : un thermomètre et un moule.
Les moules à chocolats sont des plaques dures en polycarbonate, assez chères.
À défaut, on peut aussi utiliser des moules à glaçons en silicone, qui existent dans des formes variées pour un prix nettement plus bas.
Dans ce cas, préférez un moule avec de petites empreintes.

UN DESSERT POUR FÊTER LA RENTRÉE

La veille des rentrées des classes, j'essaye de penser à préparer un dessert qui donne un petit air de fête à ce moment spécial.

★ ★ ★ ★ ★ ★ ★ ★ ★ ★ ★ ★ ★ ★ ★ ★ ★ ★ ★

Pommes au four au chocolat

4 pommes
1 tranche de pain semi-complet
2 c. à s. de flocons d'avoine
1 c. à s. de miel liquide
1 c. à s. de purée d'amande
4 carrés de chocolat noir à 70 % de cacao

Évider les pommes. Couper le pain en 4 et poser une pomme sur chaque morceau. Mélanger les autres ingrédients et en farcir les pommes.
Enfourner à four chaud (th. 6-7) pendant 20 minutes.

Variante : si vous avez de grosses pommes ou de petits enfants, n'hésitez pas à couper la pomme en 2 à l'horizontale, pour servir des moitiés de pommes fourrées.

★ ★ ★ ★ ★ ★ ★ ★ ★ ★ ★ ★ ★ ★ ★ ★ ★ ★ ★

EN ATTENDANT NOËL

Qu'il est long le mois de décembre, à attendre l'arrivée de l'hiver et la fête des enfants... Pour déguster cette attente mercredi après mercredi, voici quelques confiseries à préparer avec les petits et à offrir autour de soi.

Truffes à la purée d'amande

Variez les enrobages de ces truffes au cœur d'amande : du cacao classique au pralin gourmand, en passant par le sésame blanc élégant. Pour donner aux enfants l'envie d'offrir eux aussi des cadeaux à ceux qu'ils aiment.

150 g de chocolat noir
100 g de purée d'amande
1 c. à s. de miel
1 c. à s. de pralin
1 c. à s. de cacao non sucré
1 ou 2 c. à s. de graines de sésame blond décortiqué

Faire fondre le chocolat au bain-marie, dans un bol parfaitement propre et sec. Hors du feu, mélanger la purée d'amande et le miel, puis le chocolat fondu. Laisser refroidir et réfrigérer 1 heure.
À la sortie du réfrigérateur et avec des mains rafraîchies à l'eau froide, prélever 1/2 cuillerée de préparation au chocolat et la modeler en bille. Préparer 3 assiettes pour séparer le pralin, le cacao tamisé et le sésame. Rouler les boules dans l'une des 3 assiettes.

Bon à savoir : on peut conserver les truffes au frais plus d'une semaine. Mais pour les servir, mieux vaut les sortir du réfrigérateur quelques minutes à l'avance.

Bonhomme en pain d'épices

Ce gâteau procure d'abord le plaisir de raconter encore une fois l'histoire : « Avec des raisins secs, la vieille femme dessina des yeux, un nez, un grand sourire et les boutons de son habit. Puis elle le mit à cuire... » Et puis, décorer ensemble ce bonhomme géant, c'est un jeu d'enfant !

200 g de miel
500 ml de lait de soja
2 tasses de farine de sarrasin
1 tasse de farine de froment semi-complète
1 c. à c. de cannelle moulue
1 c. à c. d'anis vert moulu
1/2 c. à c. de gingembre moulu
1 pointe de muscade moulue
1 pincée de bicarbonate de soude
1 c. à s. de cacao non sucré

Pour le décor :
1 blanc d'œuf
1 tasse de sucre glace
1 c. à c. de jus de citron
2 c. à s. de cacao en poudre tamisé
2 c. à s. de curcuma
1 petite betterave
Éventuellement quelques fruits secs (raisins, noisettes...)

Verser le miel et le lait de soja dans une casserole et mélanger en réchauffant doucement, jusqu'à ce que le miel devienne liquide.
Mélanger les farines, les épices et le bicarbonate. Ajouter le liquide et mélanger.
Verser la pâte sur une plaque à pâtisserie avec un rebord.
Enfourner à 180 °C pendant 15 minutes environ, sans laisser brunir la pâte.
Monter le blanc d'oeuf en neige. Incorporer progressivement le sucre glace et le jus de citron jusqu'à obtenir une crème.
Partager ce glaçage en 4 parties. La première reste blanche, la deuxième est teintée au curcuma pour un coloris orangé, la troisième au cacao.
Brosser et éplucher la betterave. La presser à l'extracteur de jus ou à la centrifugeuse. À défaut, vous pouvez aussi la mixer dans un robot culinaire à lame métallique puis filtrer pour récupérer le jus. Une c. à c. de jus de betterave suffit pour colorer d'un joli rose la quatrième part de glaçage.
À sa sortie du four, tracer sur le gâteau les contours d'un grand bonhomme avec un couteau. Le couper aux ciseaux en suivant ce tracé.
Décorer le bonhomme avec les glaçages colorés. Une poche à douille vous facilitera la tâche. Le glaçage peut aussi servir à coller des fruits secs pour les yeux, les boutons, etc. Enfourner à nouveau 5 minutes pour assécher le glaçage.

GOÛTER D'ANNIVERSAIRE

Le jour tant attendu est arrivé. Voici quelques pistes de glaces, de « gros gâteaux » et de petites glaces, pour fêter cet événement avec les copains.

Mon gâteau chouchou

C'est ainsi que ma maman fêtait nos anniversaires : avec une montagne de petits choux et de fruits de saison. Le gâteau peut prendre la forme du chiffre qui correspond à l'âge de l'enfant fêté. Succès assuré auprès des petits invités.

Quantités pour 12 petits gourmands

Pour la pâte à choux à l'huile d'olive :
100 g d'huile d'olive
500 ml d'eau
1 c. à s. de sucre rapadura
1 c. à c. de sel
250 g de farine bise
6 œufs

Pour la crème à l'amande et à la vanille :
500 ml de lait d'amande
1/2 gousse de vanille
2 œufs
2 c. à s. de sucre rapadura
3 c. à s. de crème de riz (farine précuite)

Des fruits frais de saison (fraises, kiwis, raisin...)

Porter à ébullition l'huile d'olive et l'eau mélangées.
Pendant ce temps, tamiser et peser la farine.
Hors du feu, verser la farine tamisée en une seule fois et mélanger vivement.
Remettre sur le feu en mélangeant jusqu'à ce que la pâte s'assèche et laisse une petite pellicule au fond de la casserole.
Placer la pâte dans un grand bol hors du feu. Y casser 1 œuf et l'incorporer à la pâte en mélangeant vivement. Ajouter les autres œufs les uns après les autres en mélangeant pour obtenir une pâte homogène qui doit devenir collante et former une "pointe" au bout de la cuiller. Sur une plaque à pâtisserie farinée, former avec la moitié de la pâte à choux un fond de gâteau à la forme que vous souhaitez. Sur une deuxième plaque, avec l'autre moitié de la pâte, dresser des petits choux.

.../...

Les enfourner 25 minutes à 200 °C. Ne pas ouvrir la porte du four pendant la cuisson pour éviter qu'ils ne retombent. En fin de cuisson, éteindre le four et entrouvrir la porte en la coinçant dans cette position avec une cuiller en bois par exemple. Attendre que le four ait refroidi pour sortir les choux.

Préparer la crème : fendre la gousse de vanille et la gratter au-dessus du lait d'amande. Faire chauffer avec la gousse fendue et grattée, que l'on ôte lorsque le lait est chaud.
Battre les œufs et le sucre jusqu'à ce que le mélange blanchisse. Ajouter la crème de riz puis verser le lait chaud. Bien mélanger.
Verser dans la casserole et faire chauffer à feu doux en mélangeant jusqu'à ce que la crème épaississe. Pour la faire refroidir, poser un petit couvercle directement sur la crème pour éviter qu'elle ne fige au contact de l'air.
Au moment du montage, couvrir le fond du gâteau avec de la crème. Poser des choux sur la crème et glisser des morceaux de fruits ou les grains de raisin entre les choux.

Bon à savoir : pour dresser les choux, vous pouvez utiliser deux petites cuillers. C'est encore plus facile si vous utilisez une poche (sans douille). À défaut, un sachet de congélation dont vous couperez un angle fait aussi l'affaire.

Gâteau d'anniversaire au chocolat

200 g de chocolat noir à 70 % de cacao
120 g de purée d'amande
5 œufs
4 c. à s. de sucre rapadura
4 c. à s. d'huile d'olive
1 goutte d'arôme d'amande amère
140 g de farine de froment T80
1 pincée de bicarbonate de soude

Casser le chocolat en petits morceaux et le faire fondre au bain-marie avec la purée d'amande. Bien mélanger et réserver hors du feu.
Battre énergiquement les œufs et le sucre pendant quelques minutes.
Ajouter ensuite l'huile d'olive, l'arôme puis le chocolat fondu.
Peser la farine et y mélanger le bicarbonate. L'ajouter à la préparation et bien mélanger. Verser dans un moule huilé en prévoyant que ce gâteau gonfle beaucoup à la cuisson.
Enfourner à four moyen (th. 4) pendant 40 minutes.

Glace crémeuse aux fruits rouges

Si vous avez une sorbetière, voici une astuce pour la sortir plus souvent de son placard, grâce à une recette vraiment très rapide à préparer, qui enchantera vos invités, petits et grands.

1 faisselle de fromage blanc fermier
ou 1 grand pot de yaourt de soja (400 g)
2 c. à s. de miel liquide
250 g de fraises ou de framboises

Mélanger le fromage blanc ou le yaourt de soja avec le miel.
Réserver quelques fruits pour le décor. Couper les fraises en 2 ou en 4 suivant leur taille. On peut laisser les framboises entières.
Verser dans la yaourtière le fromage blanc et les fruits.
Faire fonctionner la sorbetière pendant le repas.
La glace sera crémeuse à souhait à l'heure du dessert.

Variante pour l'hiver : mélanger le fromage blanc ou le yaourt de soja avec du sirop d'orgeat. Le résultat ? Une glace crémeuse parfumée à l'amande. Pour une présentation élégante, faire griller à sec quelques amandes effilées et en parsemer la glace.

Glace banane-poire

2 bananes
2 poires

La veille, couper les fruits épluchés en petits morceaux.
Les disposer bien à plat pour qu'ils ne s'agglutinent pas, dans un sac de congélation ou un récipient hermétique. Les placer au congélateur.
Au moment de deservir, mixer quelques instants les fruits glacés au robot culinaire.
Lisser le sorbet obtenu à la cuiller et servir en boules.

Bon à savoir : la texture parfaite est obtenue après environ 12 heures de congélation des fruits. Si vous les laissez plusieurs jours, ils durciront plus et votre glace risque de comporter de petits grains.
Cette glace doit être dégustée de suite et ne peut être conservée au congélateur.

MAC BIO

Il faudrait inventer ce restaurant où les enfants auraient une place, où l'on pourrait jouer et où l'on se régalerait, avec les doigts, de frites et de burgers bio.

Cheeseburger au tofu et au seigle

Pour 8 petits burgers

1 oignon
2 gousses d'ail
1 œuf
125 g de tofu ferme nature
1 tasse (250 ml) de flocons de seigle
1 tasse de flocons d'avoine
1 c. à c. de tamari

Pour le montage :
8 tranches de pain semi-complet ou des buns maison (page 88)
6 cornichons
4 échalotes
1 betterave
Ketchup
30 g de comté
Graines de sésame
Salade verte

Préparer les burgers en mixant au robot culinaire tous les ingrédients.
Former 8 boulettes avec cette pâte épaisse. Faire chauffer de l'huile d'olive dans une poêle et y aplatir les boules de pâte. Les faire dorer 5 minutes de chaque côté.
Si vous utilisez du pain, y découper des ronds avec un emporte-pièce ou un verre, à la taille des burgers au tofu et au seigle.
Couper la betterave en rondelles très fines et les faire cuire à la vapeur 10 minutes.
Monter le cheeseburger en superposant le pain, le ketchup, les échalotes et les cornichons en rondelles, la betterave, le burger au tofu et au seigle, le comté.
Parsemer de graines de sésame.
Enfourner quelques minutes à four chaud (th. 6) jusqu'à ce que le comté fonde.
Servir avec de la salade verte.

Variante : en été, on peut remplacer la betterave par des tranches de tomate et de concombre.

Frites de panais et pommes

Une technique redoutable pour leur faire découvrir de « fausses frites de pommes de terre » au vrai bon goût de panais. Quant aux pommes, elles donnent des frites fondantes surprenantes. Succès garanti.

500 g de pommes de terre
500 g de panais
2 pommes
Huile d'olive
Fleur de sel de Guérande

Éplucher les légumes et les pommes. Les couper en frites régulières.
Les disposer en tas sur une plaque de four et les arroser d'un filet d'huile d'olive.
Bien mélanger pour que toutes les frites soient enrobées d'huile.
Les répartir ensuite sur la plaque.
Enfourner 20 minutes à four chaud (th. 6) en surveillant la couleur des frites.
Saupoudrer d'un petit peu de fleur de sel de Guérande.

Variantes : d'autres légumes donnent des frites tout aussi délicieuses.
Essayez la carotte, le potimarron, le navet ou le céleri-rave.

Ketchup au coing

1 oignon
1 beau coing (ou à défaut 2 pommes)
1 gousse d'ail
1 kg de tomates
1 c. à s. de câpres
1 petit verre de vinaigre de cidre
2 c. à s. bombée de sucre rapadura
1 pointe de piment en poudre
1 c. à c. de cannelle
1 pointe de muscade

Hacher l'oignon et le faire suer dans une cocotte avec un petit peu d'huile d'olive.
Éplucher le coing et le couper en petits morceaux. Les faire revenir avec l'oignon.
Ajouter ensuite l'ail écrasé, les tomates épluchées et coupées en petits morceaux.
Couvrir jusqu'à ce que les légumes fondent.
Ajouter ensuite les câpres, le vinaigre de cidre, le sucre et les épices.
Faire réduire à découvert pendant 15 minutes environ.

Bon à savoir : On peut conserver ce ketchup au-delà de la saison des tomates et des coings en stérilisant les bocaux remplis 1/2 heure à l'eau bouillante.

Buns maison

Ce sont ces petits pains que l'on coupe en deux pour y glisser le burger et ses condiments. Sans oublier les graines de sésame, la petite touche décorative indispensable !

200 g de farine d'épeautre semi-complète
200 g de farine de froment semi-complète
10 g de levain fermentescible (ou 1 c. à s.)
1 c. à c. de sel
1 c. à s. de sucre rapadura
1 œuf
3 c. à s. d'huile d'olive
1 verre de lait de soja
1 c. à s. de vinaigre de miel ou de cidre
Graines de sésame

Mélanger les farines, le levain, le sel et le sucre. Creuser une fontaine pour y casser l'œuf. Ajouter l'huile, le lait de soja et le vinaigre.
Battre les liquides et les mélanger progressivement à la farine.
Ajouter éventuellement un peu d'eau, pour obtenir une pâte homogène non collante. Pétrir 10 minutes.
Couvrir et laisser reposer la pâte à température ambiante pendant au moins 1 heure.
Tapoter la pâte pour la dégonfler et la pétrir rapidement. La partager en 8 boules.
Les poser un peu aplaties sur une plaque à pâtisserie farinée. Saupoudrer de graines de sésame et laisser reposer 1 heure.
Cuire 15 minutes dans un four bien chaud (th. 7).

Petits déjeuners et goûters gourmands

Le petit déjeuner et le goûter sont les plus grands moments gourmands de la journée pour beaucoup d'enfants. Des instants à déguster jour après jour, dans une ambiance reposante ou ludique.

Les plus simples, à base de fruits frais et tartines, constituent bien sûr l'ordinaire.

Avec quelques recettes faciles, nous pouvons y ajouter une pointe de fantaisie et d'attentions affectueuses pour nos petits gourmands, sans pour autant céder aux sirènes de la publicité pour les céréales du petit déjeuner ou les goûters bien emballés.

Crousti-muesli au chocolat noir

Avec ses copeaux de chocolat, c'est le muesli préféré de mes enfants. La version qu'ils me réclament, c'est le muesli au chocolat arrosé d'un jus de pommes.

Pour un bocal d'1 litre

1 c. à s. de miel
1 c. à s. d'huile de tournesol
3 c. à s. de noix de coco râpée
250 ml de petits flocons d'avoine
200 ml de flocons de châtaignes toastés
1 pincée de sel
50 g de chocolat noir à 70 % de cacao

Dans une poêle, faire chauffer ensemble tous les ingrédients sauf le chocolat. Tourner régulièrement pour faire fondre et répartir le miel, puis pour éviter que les céréales ne brûlent.
Après 8 à 10 minutes, les flocons ont pris une couleur dorée.
Stopper la cuisson en versant le mélange dans un grand bocal en verre.
Avec un couteau économe, détailler le chocolat en fins copeaux.
Les mélanger au muesli une fois que celui-ci est complètement refroidi.

Bon à savoir : ce muesli se conserve une semaine dans un bocal fermé hermétiquement.

Muesli de Yaël

6 feuilles de menthe fraîche
1/4 de l d'eau
2 verres de flocons d'avoine
4 c. à s. de graines de sésame
Du miel à votre convenance
4 pêches

Porter à ébullition les feuilles de menthe et l'eau.
Pendant ce temps, verser dans 4 bols les flocons d'avoine, les graines de sésame et le miel. Verser la décoction de menthe sur ce mélange et laisser gonfler quelques instants. Disposer les quartiers de pêche.

Du pain en moins d'une heure

Un pain qui peut dépanner certains dimanches matins, car il se prépare sans temps de repos. Il est inspiré du « soda bread » irlandais, qui se prépare avec du bicarbonate de soude et du « buttermilk », un lait fermenté qui ressemble au lait ribot. À défaut, on peut remplacer ce dernier par du lait de vache ou de soja caillé avec un trait de vinaigre.
N'hésitez pas à enrichir ce pain de fruits secs, noix ou graines.

250 ml de lait
1 c. à c. de vinaigre de miel ou de cidre
1 poignée de raisins secs
200 g de farine d'épeautre semi-complète
250 g de farine de froment semi-complète
1 c. à c. de sel
1/2 c. à c. de bicarbonate de soude
1 c. à c. d'huile d'olive
1 c. à c. de miel

Verser le vinaigre dans le lait. Recouvrir les raisins secs d'eau très chaude et les laisser tremper quelques instants.
Pendant ce temps, mélanger les farines, le sel et le bicarbonate.
Ajouter l'huile d'olive, le miel puis le lait légèrement caillé. Travailler la pâte 1 minute.
Égoutter les raisins secs et les mélanger à la pâte.
Former un pain de 3 cm d'épaisseur dans un plat huilé.
Inciser le dessus du pain avec un couteau pointu pour former les grignes.
L'enfourner 30 minutes à four bien chaud (200 °C).

Bon à savoir : ce pain ne se conserve pas. Il sera meilleur le jour même.

Crème de pruneaux

Une douceur naturellement sucrée, à déguster sur une fine tranche de pain complet.

Pour 4 tartines

6 pruneaux d'Agen
De l'eau bouillante
1 c. à c. de miel

Couvrir les pruneaux d'eau bouillante et les laisser tremper quelques minutes. Égoutter et dénoyauter les pruneaux. Les mixer avec le miel et une goutte de l'eau de trempage, pour obtenir une marmelade à tartiner immédiatement.
Il ne reste plus qu'à décorer votre tartine de quelques graines de sésame.

Galettes de flocons d'avoine à l'orange

Chaudes ou froides, ces galettes peu sucrées peuvent s'accompagner de confiture ou de miel.

La peau d'1/2 orange
250 ml de flocons d'avoine
1 pointe de bicarbonate de soude
1/4 c. à c. de cannelle
1 pomme épluchée et coupée en quartiers
250 ml de lait végétal

Laver la peau d'orange et la couper pour ne garder que l'écorce en éliminant la peau blanche. La placer au mixer avec tous les autres ingrédients, pour obtenir une pâte de la consistance d'une pâte à crêpes épaisse.
Faire chauffer une poêle huilée. Y déposer 4 cuillerées de pâte pour former 4 galettes. Les cuire à feu doux.
Lorsque de petites bulles se forment et que le dessous se décolle facilement de la poêle, on peut les retourner. Procéder ainsi jusqu'à épuisement de la pâte.

POUR LA SORTIE DE L'ÉCOLE

Quand les copains sortent leurs biscuits et compotes suremballés, ça fait chaud au cœur de grignoter de temps à autre un petit goûter spécial.

Navettes à la farine d'épeautre et à l'huile d'olive

Des petits biscuits à croquer ou à sucer selon son nombre de dents, qui rappellent les navettes de Saint-Victor, confectionnées à Marseille pour la Chandeleur.

Pour une vingtaine de navettes

50 g de sucre rapadura
le zeste d'1/2 citron
30 g d'huile d'olive
1 œuf
1 c. à s. d'eau de fleur d'oranger
250 g de farine
2 c. à s. d'eau

Battre l'œuf et le sucre jusqu'à ce que le mélange mousse.
Ajouter le zeste de citron haché très finement, l'huile, l'œuf et l'eau de fleur d'oranger.
Ajouter la farine et mélanger. Ajouter un petit peu d'eau pour obtenir une pâte homogène qui ne colle pas.
Fariner une plaque à pâtisserie. Couper la boule en 20 parties.
Façonner chacune en boudin de 8 cm de long et de 2 cm de diamètre.
Pincer les extrémités pour former une barquette. Fendre la longueur avec un couteau pointu.
Laisser reposer 2 heures puis cuire 10 minutes à four très chaud (th. 7-8).
Les navettes ne doivent pas brunir à la cuisson.

Variante : si votre huile d'olive est très fruitée, vous souhaiterez peut-être la rendre plus discrète. Vous pouvez remplacer la moitié de l'huile d'olive par 1 cuillerée à café bombée de purée d'amande.

Minitartelettes à l'orange

Pour 20 minitartelettes ou barquettes

Pour la pâte :

1/2 verre de lait de soja

1/2 verre d'eau

2 c. à s. de sucre rapadura

Environ 200 g de farine de froment semi-complète

Pour la garniture :

1 orange

1 c. à s. de farine de riz

4 c. à s. de sucre rapadura

1 c. à s. de purée de noisette

2 c. à s. de lait de soja

Mélanger le lait de soja, l'eau et le sucre. Ajouter progressivement de la farine en mélangeant, jusqu'à former une boule de pâte homogène et non collante.
En foncer des minimoules.
Prélever le zeste de l'orange et presser le jus.
Mélanger tous les ingrédients de la garniture, en ajoutant le zeste haché finement.
Garnir les tartelettes et enfourner 15 minutes à four chaud.

Gaufres au levain cacaotées

Pour une dizaine de gaufres

200 g de farine de petit épeautre

1 c. à s. de levain fermentescible

4 c. à s. de sucre rapadura

2 c. à s. bombées de cacao en poudre, non sucré

1 œuf (facultatif)

250 ml de lait de soja

2 c. à s. d'huile

Mélanger la farine, le levain, le sucre et le cacao.
Ajouter l'œuf, le lait de soja et l'huile et mélanger.
Laisser la pâte au repos au moins 1 heure à température ambiante.
Chauffer le gaufrier légèrement huilé et verser une petite louche de pâte sur chaque empreinte. Fermer pour cuire les gaufres pendant 3 minutes environ.
Procéder ainsi jusqu'à épuisement de la pâte.

Gâteau au maïs et aux pruneaux

Ce gâteau assez dense est facile à transporter en tranches pour le manger dehors, quand le temps le permet.

2 verres de farine de maïs
1 verre de sucre rapadura
1 pincée de bicarbonate de soude
1 c. à s. d'eau de fleur d'oranger
3 œufs
2 verres de lait
1 c. à s. de purée de noisette
10 pruneaux

Mélanger tous les ingrédients de la pâte dans l'ordre.
Fouetter la pâte pour bien l'homogénéiser. La verser dans un plat huilé.
Dénoyauter les pruneaux et les répartir dans la pâte.
Enfourner pour 40 minutes à four moyen (th. 4).

Gâteau léger au fromage blanc

50 g de farine de froment T80
1 pincée de bicarbonate de soude
500 g de fromage blanc en faisselle
40 g de sucre rapadura
3 œufs
Le zeste d'1 orange bio
1/2 gousse de vanille

Séparer les blancs d'œufs des jaunes. Battre les jaunes avec le sucre, puis ajouter le zeste de l'orange et gratter les graines de vanille.
Monter les blancs d'œufs en neige avec une pincée de sel.
Dans un grand bol, mélanger la farine, le bicarbonate et le fromage blanc.
Ajouter les jaunes d'œufs battus avec le sucre.
Incorporer délicatement les blancs en neige. Verser cette pâte dans un plat huilé.
Cuire à four moyen (th. 3 puis 4 en cours de cuisson), pendant 40 minutes environ.
Lorsque le gâteau est cuit, la pointe d'un couteau doit ressortir sèche.

Variante : on peut huiler le plat puis le saupoudrer de rapadura qui formera un léger caramel sous le gâteau pendant la cuisson.

Boissons bio pour mes enfants

Certains parents semblent désemparés lorsque leur enfant ne boit pas de lait de vache, par choix de santé ou par goût. « Que faut-il lui donner à boire au petit déjeuner ou au goûter ? »

Chez nous, la réponse à tous les repas, c'est tout simplement : « De l'eau ».

Lorsque nous recevons de petits invités, je leur propose aussi volontiers des jus de fruits ou des boissons sucrées, chaudes ou froides selon les désirs de chacun.

Sirop de citron au rapadura

Ce sirop épais n'a pas le jaune vif habituel des sirops de citron industriels mais la couleur ambrée du jus de canne. Diluez-le dans un verre d'eau glacée et toute la saveur du citron frais se révèle. En choisissant une eau gazeuse, vous obtiendrez une limonade délicieuse.

4 citrons bio

200 g de sucre rapadura

Laver les citrons.
Si vous disposez d'un extracteur de jus, éplucher les citrons à vif avant d'en extraire le jus. Sinon, utiliser un presse-citron, avant de les peler.
Réserver le zeste d'un citron et conserver la peau des autres pour un autre usage.
Dans une petite casserole, verser le jus, le rapadura et le zeste.
Porter le sirop à ébullition pendant 10 minutes.
Placer un entonnoir sur une petite bouteille.
Le recouvrir d'une étamine (ou d'un filtre à café) et filtrer le sirop.

Bon à savoir : ce sirop se conserve plusieurs semaines dans une bouteille en verre bouchée, au réfrigérateur.

Sirop de menthe

30 g de feuilles de menthe fraîche

200 g de sucre de canne blond

1 verre d'eau

1 trait de jus de citron

Préparer une infusion de menthe avec le sucre et l'eau.
Au premier bouillon, éteindre le feu, ajouter un trait de jus de citron et laisser infuser 24 heures.
Avec un entonnoir et une étamine, filtrer le sirop dans un flacon.
Il peut se conserver quelques semaines au réfrigérateur.

Tisane glacée à l'hibiscus et à la vanille

Pour 1 litre

1 c. à s. de fleurs d'hibiscus séchées
1 gousse de vanille
1 c. à c. de miel
1 l d'eau
Des glaçons

Placer dans une casserole les fleurs d'hibiscus et la gousse de vanille, fendue et grattée. Couvrir avec l'eau et porter à ébullition 1 minute.
Hors du feu, ajouter le miel.
Laisser refroidir complètement et servir avec des glaçons.

Chocolat au lait de riz

Pour remplacer le traditionnel chocolat au lait de vache du petit déjeuner, les laits végétaux sont parfaits. Le lait de riz, le lait d'amande ou le lait de châtaigne apportent une touche douce et gourmande au bol du matin.

1 c. à s. de crème de riz
1 c. à s. de sucre rapadura
500 ml d'eau
4 carrés de chocolat noir à 70 % de cacao

Mélanger dans une petite casserole la crème de riz et le sucre.
Délayer avec l'eau et porter à petits bouillons 3 minutes.
Faire fondre le chocolat dans le lait de riz hors du feu.
Bien mélanger et servir chaud.

Annexes

Glossaire

Tous ces ingrédients se trouvent en magasin de produits biologiques.

Agar-agar

Ce mélange d'algues réduites en poudre sert de gélifiant, en remplacement de la gélatine animale. J'utilise en général des sachets de 2 ou 4 g, plus faciles à doser car une toute petite quantité suffit. Il faut mélanger cette poudre dans le liquide à gélifier et porter à ébullition pendant 1 minute. Le mélange gélifie en refroidissant.

Amarante

L'amarante est une plante à grands panaches fleuris. Les graines d'amarante comestible sont en général importées d'Amérique latine, l'amarante n'étant cultivée en France qu'à des fins décoratives. Ces minuscules graines se préparent en bouillie dans un plat salé (légume farci, galette) ou sucré (entremets). Moulue, la graine d'amarante est réputée pour son utilisation dans les pâtes à tarte.

Bicarbonate de soude

Le bicarbonate de soude, lorsqu'il est mis en contact avec l'humidité et la chaleur, particulièrement en milieu acide, produit un dégagement gazeux qui permet de faire gonfler les gâteaux et les pâtes. Il faut l'utiliser avec parcimonie, sous peine de donner un goût amer à la préparation. Une pincée suffit pour un gâteau. Dans les poudres à lever sans phosphates (équivalent écologique des levures chimiques), le bicarbonate de soude est associé à l'acide tartrique (qui facilite la levée et neutralise le goût amer) et à l'amidon de maïs (qui empêche que cette réaction chimique ne se produise dans le conditionnement). J'utilise généralement du bicarbonate de soude en pâtisserie, car il est très économique et vendu dans un emballage minimal. Mais s'il vous paraît trop délicat à doser, vous pouvez remplacer la pincée de bicarbonate indiquée dans les recettes par 1/2 sachet de poudre à lever sans phosphates.

Crème de riz

La crème de riz, comme la crème d'avoine ou d'orge, est une farine précuite vendue en petits sachets au rayon des farines, dans les magasins bio. Je l'utilise comme la fécule de maïs, pour épaissir rapidement une sauce ou un entremets.

Cuisson à l'étouffée

Dans une cocotte à parois épaisses, en fonte ou en inox, les légumes cuisent doucement dans leur eau de végétation. Pour les légumes contenant moins d'eau, on peut prévoir un lit de salade et d'oignons au fond de la cocotte, ou verser un petit verre d'eau pour éviter qu'ils n'attachent. Cette cuisson donne des résultats très savoureux.

Cuisson à la vapeur douce

Il s'agit d'une cuisson à la vapeur à une température de 85 à 100 °C, obtenue dans une cocotte fermée qui n'a pas de système de surpression (contrairement à la cocotte minute, qui permet d'atteindre une température de 110 °C). Un peu plus longue que la cocotte minute, mais beaucoup plus facile à maîtriser, cette cuisson permet de garder une texture *al dente* et du goût aux légumes. Si vous n'avez pas de cocotte avec panier vapeur, équipez-vous d'une « marguerite ». C'est un petit panier inox, vendu à prix modique, qui s'adapte à toutes les casseroles.

Flocons de châtaigne

Ce sont de fines lamelles de châtaigne précuites et toastées, ce qui en rehausse le goût. On peut les réhydrater en les couvrant d'un liquide chaud pendant 10 minutes.

Froment

Le froment n'est autre que le blé tendre, c'est-à-dire le blé le plus courant en France, utilisé pour le pain. Ce nom permet de distinguer sans ambiguïté cette céréale d'autres sortes de blé, en particulier le blé dur, qui sert à la fabrication de la semoule et des pâtes alimentaires. Ne vous laissez pas abuser par les boulangers qui présentent leurs baguettes « au froment » comme une spécialité, alors que c'est tout à fait banal ! La plupart des recettes de ce livre utilisent une farine de froment semi-complète, que l'on trouve aussi sous l'appellation T80. Pour des raisons gustatives et nutritionnelles, je choisis une farine moulue sur meule de pierre. Mieux vaut l'acheter fraîchement moulue. Tenez compte de la date de péremption, car cette farine, qui comprend le germe du grain de blé, se conserve moins longtemps que les farines blanches conventionnelles.

Gomasio

Ce condiment, qui associe sel et graines de sésame grillées et moulues, est très apprécié des enfants. Il s'achète en magasin bio ou se prépare en grillant à sec 6 doses de sésame, que l'on broie ensuite avec 1 dose de sel. Saupoudré sur un plat, il remplace le sel et rehausse les saveurs.

Huile vierge

Toutes les huiles bio sont « vierges », c'est-à-dire obtenues par des moyens mécaniques uniquement (pressage et filtrage). Ce qui est tout différent des huiles conventionnelles, raffinées à haute température et par des procédés chimiques, en particulier l'adjonction de solvants pétrochimiques.
Les huiles vierges conservent la couleur, le parfum, la saveur et les propriétés nutritionnelles de leur ingrédient. Elles se conservent 1 à 2 mois à l'abri de la lumière et de la chaleur. Utilisées crues, elles transfigurent la vinaigrette ou de simples légumes cuits à la vapeur.
J'utilise quotidiennement l'huile d'olive, en particulier pour la cuisson et la pâtisserie. Elle accompagne aussi mes salades d'été, avec sa note méditerranéenne. Pendant le reste de l'année, j'alterne mois après mois les huiles de ma région à déguster crues sur les salades ou les plats cuits à la vapeur : colza et tournesol sont les plus courantes. Au moment des fêtes, pourquoi ne pas s'offrir une précieuse petite bouteille d'huile de noisette ou de noix ?

Kasha

Le kasha est un sarrasin décortiqué et grillé, à la saveur fumée légèrement cacaotée. Traditionnel dans la cuisine d'Europe de l'est, on peut l'utiliser dans des plats sucrés ou salés. Contrairement aux autres céréales, mieux vaut démarrer la cuisson du kasha en le jetant dans l'eau bouillante et salée. En prévoyant une fois et demie son volume d'eau et 5 à 10 minutes de cuisson, vous éviterez qu'il ne se transforme en bouillie pâteuse.

Kombu

Ces algues sont vendues séchées en magasin bio. Riches en glutamate monosodique naturel, elles relèvent un plat sans saler et permettent d'accélérer la cuisson des légumineuses. Prélever un tronçon d'algue séchée, le rincer puis l'ajouter à l'eau de cuisson des haricots, pois chiches, etc. comme on utiliserait un bouquet garni.

Lait de soja et laits végétaux

J'utilise souvent le lait de soja en cuisine et les autres laits végétaux (riz, châtaigne, amande, etc.) en boisson. Si vous le souhaitez, vous pouvez remplacer le lait de soja des recettes par du lait de vache ou par les autres laits végétaux. Ces derniers donneront dans les pâtes (tartes, crêpes, gaufres) un résultat plus croquant.

Légumineuses

C'est l'autre nom des légumes secs. Ils ont un double intérêt écologique : leur culture permet d'enrichir le sol en l'azote, sans ajout d'engrais chimiques ; leur consommation apporte des protéines dont les acides aminés sont complémentaires à ceux des céréales, ce qui permet de réduire ou de remplacer la consommation de protéines animales. Quant à leur goût, la palette est variée : des lentilles aux haricots, en passant par les fèves, les pois chiches, le soja...

Lentilles corail

Ce sont des lentilles rouges dépelliculées, généralement importées de Turquie. En l'absence de peau, la lentille se défait à la cuisson comme les pois cassés. On peut donc les utiliser en purée, sauce ou soupe, selon qu'elles sont cuites dans 2 à 4 fois leur volume d'eau. Elles peuvent aussi servir de base à des tartinades végétales délicieuses, par exemple en remplacement des pois chiches dans le houmous. Elles cuisent très rapidement, ce qui leur donne un intérêt non négligeable.

Levain fermentescible

C'est un bon compromis entre levain naturel fait maison et levure de boulangerie. Cette poudre vendue en sachets dans les magasins bio permet de préparer un pain ou une pâte levée légèrement acidulée. Elle est aussi facile d'utilisation que la levure de boulangerie, puisqu'il suffit de la mélanger à la farine et l'eau puis de laisser lever la pâte une ou plusieurs heures, selon la température ambiante.

Miel

Aussi souvent que possible, j'utilise du miel pour sucrer mes recettes. Il est produit localement et apporte une touche aromatique délicieuse. Partez à la rencontre des apiculteurs de votre région et de leurs spécialités. C'est chez eux également que vous trouverez le vinaigre de miel.

Millet

Le millet commun est une céréale cultivée en France. Ses petites graines sans gluten gagnent à être préparées avec un légume ou une sauce qui apporteront une onctuosité parfumée. Le millet est aussi délicieux en entremets, préparé comme du riz au lait ou un gâteau de riz.

Pois cassés

Cette légumineuse, traditionnelle en France mais un peu oubliée, est une de mes préférées. Les pois sont les graines de la plante qui donne également les petits pois. Mais ils ont été cultivés jusqu'à leur maturité, puis séchés et dépelliculés. Comme les lentilles corail, ils se défont donc à la cuisson. En revanche, il faut prévoir une cuisson plus longue.

Polenta

La polenta est la semoule de maïs, traditionnelle en Italie et en Savoie. Elle fige en refroidissant. On peut donc la manger chaude après sa cuisson à l'eau ou choisir de la laisser refroidir avant de la découper en morceaux ou en tranches à dorer à la poêle ou à gratiner au four.

Purée d'amande ou de noisette

Elles sont obtenues par broyage à la meule des fruits secs. On les trouve en magasins bio, sous forme de pâtes à tartiner sucrées ou bien natures, pour la cuisine. C'est cette version non sucrée que j'utilise dans mes recettes.

Quinoa

Cette petite graine n'est pas cultivée en France, mais importée de Bolivie, en particulier par les réseaux de commerce équitable. Pour l'apprécier, il faut penser à bien la rincer avant de la cuire, afin d'éliminer le goût amer de la couche de saponine qui entoure naturellement les grains.

Raz el hanout

C'est le mélange d'épices typique du couscous : cardamome, piment, cumin, coriandre, curcuma, fenouil et graines de moutarde.

Semi-complet

L'industrie agroalimentaire nous a habitués à consommer des céréales raffinées, c'est-à-dire blanchies par abrasion ou mouture. Ce procédé élimine la peau des grains et leur germe. En magasin bio, on peut trouver les céréales complètes (décortiquées mais recouvertes de leur son) ou semi-complètes (dont le son a été partiellement éliminé). Elles sont plus foncées, plus longues à cuire, plus riches d'un point de vue nutritionnel et plus savoureuses.

Sucre rapadura

Ce sucre brun résulte simplement du séchage du jus obtenu par le broyage de la canne à sucre dans de l'eau chaude. Il apporte un parfum prononcé de canne et une couleur ambrée à vos desserts.

Sucre de canne brut blond ou roux

Ce sucre a été clarifié au lait de chaux et cristallisé. En agriculture biologique, il reste brut, c'est-à-dire non raffiné par des procédés chimiques.
J'utilise ce sucre lorsque je souhaite que ma pâtisserie soit de couleur claire ou que le goût de canne soit plus discret.

Tahin

C'est une purée obtenue par le broyage de graines de sésame.

Tofu

Le tofu est obtenu en faisant chauffer et cailler du lait de soja puis en éliminant le « petit lait » qui en résulte. Il est vendu ferme ou soyeux, au rayon frais, sous vide ou en bocal. Insipide, il a pour particularité de s'imprégner très facilement des saveurs qui l'entourent. Pour l'apprécier, il faut donc le préparer en marinade, l'écraser avec d'autres ingrédients ou le cuisiner en sauce.

Notes

1 - Associations pour le maintien d'une agriculture paysanne. Pour en savoir plus sur ces contrats entre des consommateurs et un producteur local, consultez http://alliancepec.free.fr/

2 - Position of the American Dietetic Association and Dieteticians of Canada : Vegetarian Diets.
Journal of the American Dietetic Association, juin 2003.

3 - Pédiatre, Président de l'Associació Catalana Pro Alletament Matern et membre du Conseil médical de La Leche League International. Auteur de nombreux livres dont *Mon enfant ne veut pas manger*, en cours de traduction en français.

4 - *Allaitement maternel, Mise en oeuvre et poursuite dans les 6 premiers mois de vie de l'enfant*. ANAES, mai 2002

5 - Idem. mai 2002

6 - Stratégie mondiale pour l'alimentation du nourrisson et du jeune enfant.
OMS, 2003.

7 - *Pour les solides, y'a pas le feu ! Allaiter aujourd'hui n°39*. Leche League France, 1999

8 - Nestlé grandit en avalant Gerber.
Florentin Collomp, Le Figaro, octobre 2007.

9 - *Le casse-tête de l'allergie. Allaiter aujourd'hui*, n°49. La Leche League France, 2001.

10 - Complementary feeding, a commentary by ESPGHAN committee on nutrition. *Journal of pediatric gastroenterology nutrition*, 2008, cité par *Grandir Autrement, Hors-série n°4*.

11 - *Allergies alimentaires : état des lieux et propositions d'orientations.*
Agence Française de Sécurité Sanitaire des Aliments (AFSSA), janvier 2002.

12 - *L'homnivore*. Claude Fischler, éditions Odile Jacob, 2001.